Diário de uma salmista

21 dias de devocional

Diário de uma salmista

21 dias de devocional

Rachel Malafaia

quatro ventos

Dia 10 p. 79
Dia 11 p. 85
Dia 12 p. 91
Dia 13 p. 97
Dia 14 p. 103
Dia 15 p.109
Dia 16 p. 115
Dia 17 p. 121
Dia 18 p.127
Dia 19 p. 133
Dia 20 p. 139
Dia 21 p.145

Oração final 151
Referências bibliográficas 155

Como usar

Este é um livro devocional de três semanas baseado no livro de Salmos. Você pode ler mais de uma porção por vez, se desejar; no entanto, o ideal é que medite em uma passagem por dia, assim consegue manter a constância e nutrir o seu espírito diariamente.

A fim de ajudá-la, tenho alguns conselhos que poderão tornar a sua jornada mais marcante e efetiva.

1. **Separe o que vai utilizar**

   Antes de iniciar o seu tempo com Deus, prepare uma mochila, bolsa ou cesta com a sua Bíblia, este livro, um caderno e algumas canetas. Garanta que todo o material estará à mão — de fácil acesso e organizado —, assim você não precisará interromper o seu devocional para procurar algo que eventualmente esteja faltando. Inclusive, como uma dica extra, eu aconselho que, antes da leitura, você deixe uma bebida quente ao seu lado, também!

2. Prepare o ambiente

Escolha um lugar aconchegante e quieto para esse momento. Se quiser, pode pegar uma manta ou cobertor e forrar o chão, como em um piquenique. Acenda velas aromáticas, se gostar; coloque músicas de adoração ou algum louvor instrumental e concentre-se na presença de Deus. Veja esse momento como um encontro com um amigo e torne-o interessante — isso pode ajudá-la a manter-se firme e constante.

3. Elimine as distrações

Enquanto estiver fazendo o seu devocional, coloque o celular no modo avião ou desligue-o. Converse com as pessoas que moram com você para que evitem interrompê-la por alguns minutos. Tente reduzir qualquer empecilho capaz de atrapalhar seu foco e concentração.

4. Comprometa-se

Por fim, tenha comprometimento! Seja sistemática: faça desse período um momento verdadeiro e inegociável. Se for preciso, anote na sua agenda ou coloque um despertador. Defina um horário e cumpra-o! Não negocie o tempo que você determinou para estar com o Senhor. É melhor ter quinze minutos todos os dias com Deus do que duas horas uma única vez no mês. A chave para aprofundar o seu relacionamento com Ele é a **disciplina persistente**.

Além dessas dicas, nunca se esqueça de orar e pedir ao Espírito Santo que conduza o seu devocional e revele no seu coração os desejos d'Ele por meio da Palavra. Vamos lá?

Introdução

Um diário é um espaço para derramar o coração, registrar acontecimentos cotidianos e confidenciar segredos. É íntimo e pessoal. Talvez você já tenha tido um caderno assim em algum momento da sua vida ou, então, já tenha visto em filmes. Alguns são até trancados com cadeado, de tão valiosos e secretos! Ao lermos as Escrituras Sagradas, podemos perceber que existem registros de momentos de intimidade entre o salmista e Deus no livro de Salmos; no entanto, eles são acessíveis e estão disponíveis para nós. Debruçar-se sobre essa porção bíblica é como folhear o diário de Davi, Asafe, Moisés, Salomão e outros autores que compõem o saltério. Esses homens expõem uma vida entregue em adoração completa e, por meio disso, nos ensinam a fundamentar o nosso relacionamento com o Senhor em preceitos como a dependência, a sinceridade e a constância.

Nas próximas páginas, entraremos em uma jornada de 21 dias de meditação em textos selecionados dos 150 salmos presentes na Bíblia. Este devocional é o pontapé inicial para a sua jornada pessoal de conexão com o Pai, a partir dos tesouros contidos no maior livro das Escrituras.

O título "Salmos" está associado, no hebraico, à palavra *t^ephillah*, que significa oração; e, no grego, à *psalmos*, que quer dizer "canção piedosa". É evidente a profundidade e criatividade exaladas em cada uma das linhas do saltério. Não à toa, ele deu origem a várias canções entoadas nas igrejas e é inspiração artística para muitas produções ainda hoje — dos hinários tradicionais às músicas contemporâneas. Os salmos são orações poéticas e vivas que nos atravessam! Justamente por esse motivo, eu acredito que eles sejam ótimas leituras para acompanhar o nosso momento devocional, em que nos voltamos à nossa essência adoradora e desfrutamos a presença maravilhosa do Senhor.

É essa comunhão que faz toda a diferença na nossa vida e nos nossos dias. Por esse motivo, além de prezarmos por nos mantermos aliançadas ao Altíssimo, temos de buscá-lO incessantemente, sem dispersão e sem religiosidade, investindo o nosso tempo, aproximando-nos d'Ele e revelando em Sua presença tudo o que somos, para que sejamos transformadas e tenhamos o nosso entendimento renovado (cf. Romanos 12.2). É neste ponto em que tudo começa: na conscientização do poder que há no nosso relacionamento com o Senhor. Uma vez que o nutrimos e priorizamos, ele é capaz de impactar todas as áreas da nossa vida. E qual seria a forma mais prática e real de fazer isso senão por meio do nosso devocional?

A cada leitura, você não só refletirá nos ensinamentos, mas, se mantiver o coração aberto para ouvir e receber as revelações do Eterno, também poderá se deleitar na Presença — é a partir dela que todo o resto começa a se alinhar. Este devocional é um chamado para mergulhar na Palavra e tornar o seu relacionamento com Deus mais pessoal, profundo e genuíno! Todas as orações e composições foram escritas por pessoas comuns, cheias de falhas, como eu e você, mas que decidiram depositar a esperança na Voz do Alto. Quando me debruço sobre esse livro, percebo que os salmistas nunca se aproximavam do Senhor por se acharem autossuficientes, o que acontecia era justamente o contrário: eles se achegavam para abrir o coração e clamar por misericórdia. Mesmo com seus medos, anseios e crises, possuíam um desejo genuíno, sedento e constante pelo conhecimento de quem Deus é. Ao lermos essas declarações, é impossível não termos o coração quebrantado.

A verdade é: o Senhor nos tornou filhas amadas e nos fez livres do pecado e da iniquidade; a partir disso, é nossa responsabilidade responder-Lhe com amor e devoção. Podemos nos aproximar do nosso Pai com expectativa e desejo, pois Ele anseia Se revelar e fazer-Se conhecido a nós, à medida que nos fazemos conhecidas a Ele. Apenas o Altíssimo é capaz de preencher a nossa existência com plenitude!

Em Jeremias 29.11-14, o profeta escreve ao povo a seguinte mensagem de Deus:

> *Eu é que sei que pensamentos tenho a respeito de vocês, diz o Senhor. São pensamentos de paz e não de mal, para dar-lhes um futuro e uma esperança. Então vocês me invocarão, se aproximarão de mim em oração, e eu os ouvirei.* ***Vocês me buscarão e me acharão quando me buscarem de todo o coração.*** *Serei achado por vocês, diz o Senhor, e farei com que mude a sorte de vocês. [...].* (grifo nosso)

Precisamos estar com o Pai, não para suprir o nosso ministério, sustentar o nosso papel como mulheres ou conseguir cargos de liderança, mas, sim, para encontrar o nosso Senhor. Sem o Amado, não temos vida alguma. A filiação nos foi dada por meio do sacrifício de Cristo na cruz; assim, hoje, podemos nos achegar livremente! E para que outro lugar iríamos? Preciso lhe dizer, minha irmã, é isso o que me sustenta vez após vez. Eu não me coloco na presença do Altíssimo diariamente porque sou superior, perfeita ou muito espiritual; eu me coloco diante do meu Senhor porque sou carente e dependente de Sua presença, sou uma adoradora e, graças a Deus, isso me torna incapaz de viver longe d'Ele.

O desejo do meu coração é que o exemplo dos salmistas a impulsione a viver uma vida de devoção como a deles. Eu oro para que os próximos dias despertem em você um real e profundo prazer pelas Escrituras Sagradas e pela Presença; que, ao ler estas páginas, você se esqueça de tudo e de todos e se concentre somente no que o Pai lhe deseja revelar. A sua caminhada e o seu crescimento espiritual são sua responsabilidade, então aproxime-se do Deus que a ouve, conhece as suas limitações e imperfeições, e a auxilia em suas fraquezas — priorize o Criador! Escreva o seu diário com o Senhor, um livro pessoal e íntimo, em que expresse uma adoração genuína e constante. Você é o eu-lírico das canções e poemas que chegam aos Céus; **você é a salmista dos tempos atuais**! O que seus lábios entoarão no decorrer dos dias?

Dia 1

Descobrindo a essência da adoração

Que toda a terra tema o Senhor, que tremam todos os habitantes do mundo. Pois ***ele falou, e tudo se fez; ele ordenou, e tudo passou a existir****. O Senhor frustra os planos das nações e anula os intentos dos povos. O plano do Senhor dura para sempre; os intentos do seu coração, por todas as gerações.* (Salmos 33.8-11 – grifo nosso)

O Senhor é poderoso! No início de tudo, Ele nos criou, assim como fez com os Céus, a Terra, os animais, as plantas, as flores e as estrelas. Todas as coisas foram formadas a partir da Sua voz e das Suas mãos, e, diante disso, a criação carrega traços do seu Criador.

Cada criatura da Terra recebeu uma espécie de "assinatura de Deus", uma essência, um propósito: a **adoração**. Em todos foi colocado o anseio de ver o Senhor e desejá-lO, mas, infelizmente, algumas pessoas ainda não entendem isso, e, como resultado, gastam a vida em busca de algo que satisfaça esse impulso à adoração. Aqueles que O encontram, por sua vez, descobrem de onde vem esse desejo e quem verdadeiramente são.

Após conhecer o Senhor, descobrimos que não existe propósito maior pelo qual viver senão adorá-lO; ato que nos leva a um encontro contínuo com o Pai e a uma conexão genuína com Ele. Quanto mais perto da Sua presença, mais envoltas em nossa verdadeira identidade estaremos, pois fomos criadas para engrandecer o Seu nome.

Tudo leva à adoração, e esse deve ser o nosso estilo de vida, caminhando em consagração a Deus e bendizendo quem Ele é. Isso não quer dizer que você deva parar todas as suas atividades, trancar-se no seu quarto até a morte para cantar e chorar diante do Pai; na verdade, é muito mais profundo: é fazer tudo para a glória

Tudo leva à adoração, e esse deve ser o nosso estilo de vida.

d'Ele, desde o acordar até o adormecer. Ou seja, no seu trabalho ou faculdade, **adore**! Na sua casa, **adore**! No trânsito, **adore**! Quando os dias ruins chegarem, **adore**, também! Em tudo e em todo tempo, faça da sua vida um altar para o Senhor.

Quando olhamos para a Bíblia, vemos que o livro de Salmos está cheio de orações, poesias e canções sinceras direcionadas a Deus, e grande parte delas foram feitas em meio a lutas e batalhas do povo de Israel. Da mesma forma, esse deve ser o nosso objetivo: cultivar uma vida de adoração sincera e voluntária ao Senhor, independentemente do lugar ou das circunstâncias, porque, quando entendemos quem Ele é, somos encontradas pelo Seu poder. Nos momentos difíceis ou em que o desespero bater à porta, leia e faça a oração contida lá em Salmos 51.10-13:

> *Cria em mim, ó Deus, um coração puro e renova dentro de mim um espírito inabalável. Não me lances fora da tua presença, nem me retires o teu Santo Espírito. Restitui-me a alegria da tua salvação e sustenta-me com um espírito voluntário. Então ensinarei aos transgressores os teus caminhos, e os pecadores se converterão a ti.*

Manter um coração adorador exige de nós **decisão** e **permanência** na Presença, pois "[...] é necessário que os seus adoradores o adorem em espírito e em verdade" (João 4.24). Só existe adoração quando existe relacionamento! Enquanto houver fôlego de vida, seus lábios devem ser marcados continuamente por cânticos de gratidão e louvores ao Pai — é isso que agrada a Deus. Essa deve ser a resposta para tudo o que nos cerca, pois, a partir do momento em que entendemos a Quem servimos, nós nos conectamos e nos lembramos da nossa verdadeira condição de dependência d'Ele. A verdade sobre o Senhor é o que nos move a adorá-lO. Fomos criadas para isso!

Se você acredita estar muito distante dessa integralidade da adoração, faça o seguinte questionamento: "Onde está depositada a minha esperança? Será que é na força do meu próprio braço? Ou, quem sabe, no dinheiro, nos meus filhos ou no meu cônjuge?". Pense com sinceridade e, se necessário, reordene o seu interior, pois aquilo que adoramos revela onde está o nosso coração e a nossa esperança. Se anseia pelo dia em que se encontrará face a face com Aquele que tudo fez, todo o seu louvor deve pertencer a Ele.

Antes, sacrifícios e ofertas eram oferecidos em holocausto a Deus (cf. Levítico 1), mas, hoje, o Todo-Poderoso busca apenas um coração rendido. Se antigamente era necessário um intermediário para que houvesse uma conexão com o Senhor, agora basta abrirmos nossos lábios e declararmos Sua majestade.

Reflita: você tem dado o devido valor à sua essência? Tem escrito nas páginas da sua história canções de adoração, como Davi e Asafe fizeram em Salmos? Se a sua resposta for "não", decida, neste momento, viver uma vida entregue ao Senhor, pois só assim você poderá compreender "por que" e "para quê" foi criada.

Anotações

Se anseia pelo dia em que se encontrará face a face com Aquele que tudo fez, todo o seu louvor deve pertencer a Ele.

Dia 2

A posição de vitória

O caminho de Deus é perfeito; a palavra do Senhor é confiável; ele é escudo para todos os que nele se refugiam. Pois quem é Deus além do Senhor? E quem é rochedo, a não ser o nosso Deus? O Deus que me revestiu de força e aperfeiçoou o meu caminho, ele deu aos meus pés a ligeireza das corças e me firmou nas minhas alturas. Ele treinou as minhas mãos para o combate, tanto que os meus braços vergaram um arco de bronze. Também me deste o escudo da tua salvação; a tua mão direita me susteve, e a tua clemência me engrandeceu. Alargaste o caminho sob meus passos, e os meus pés não vacilaram. (Salmos 18.30-36)

Antes de se tornar rei de Israel, Davi foi um grande líder de exércitos. Por esse motivo, as guerras e batalhas eram situações recorrentes em sua vida naquela época; mas, como qualquer um, ele também sentia medo e dor quando lutava.

No decorrer da história do profeta, vemos um de seus maiores inimigos, o Rei Saul. O governante tinha um coração endurecido e desobediente a Deus e, com inveja do guerreiro, planejou matá-lo e persegui-lo. Essa situação causou tremenda agonia em Davi, que passava dias e noites fugindo em busca de abrigo. Apesar do cenário desfavorável, ele se posicionava na presença do Senhor e refugiava-se n'Ele, crendo que o Pai era forte e poderoso para dar-lhe a vitória.

A passagem de Salmos 18 é uma canção entoada pelo profeta após ser livrado das mãos furiosas de Saul e seu exército:

> *Do alto o Senhor me estendeu a mão e me segurou; ele me tirou das águas profundas. Livrou-me de forte inimigo e dos que me odiavam, pois eram mais poderosos do que eu.* (vs. 16-17)

No entanto, ainda no início do capítulo, no versículo 6, percebemos que, antes mesmo da vitória, ele clamou e reconheceu de onde viria o socorro:

Na minha angústia, invoquei o Senhor; gritei por socorro ao meu Deus. Do seu templo ele ouviu a minha voz, e o meu clamor chegou aos seus ouvidos.

Davi poderia ter olhado ao redor e focado nos inimigos, ou se visto sem saída, mas não fez isso. Ele olhou para o Senhor e encontrou a salvação! Quando lemos a Bíblia, percebemos que o medo e a angústia estavam presentes em vários momentos. Você se lembra de como o profeta clamava ardentemente? Eu imagino o seu semblante de desespero quando se derramava aos pés do Altíssimo.

Essa postura de quebrantamento e total dependência, como a de Davi, é justamente o que nos indica a vitória, porque significa que não seremos nós à frente do campo de batalha, mas o nosso Deus! Se enfrentássemos as guerras sozinhas, certamente seríamos derrotadas; porém, quando o Senhor dos exércitos está conosco, a conquista é certa, basta uma palavra d'Ele — não existe ansiedade, medo, desespero, tristeza ou dificuldade que permaneça de pé!

Quando o Senhor dos exércitos está conosco, a conquista é certa, basta uma palavra d'Ele.

De certo, as lutas virão, mas aqueles que se firmarem no Pai poderão dizer:

[...] O Senhor me serviu de amparo. Trouxe-me para um lugar espaçoso; livrou-me, porque ele se agradou de mim. O Senhor me retribuiu segundo a

> *minha justiça; recompensou-me conforme a pureza das minhas mãos.* (Salmos 18.18-20)

Essa certeza só nos encontra a partir do momento em que mergulhamos nos desígnios contidos nas Escrituras. É por meio do contato com a Palavra e do conhecimento divino que a convicção, a fé, o alívio e a paz são solidificados em nosso interior; ela é o escudo que blinda o nosso coração das mentiras e investidas do Inimigo (cf. Provérbios 30.5).

Ao aprofundar-se no Livro Sagrado, quando os dias difíceis baterem à porta, você saberá que o seu Deus a livra em todo tempo; quando perceber que está cansada ou estiver submersa por desafios e sofrimentos, saberá que deve transformá-los em um cântico sincero de vitória.

Confie no que as Escrituras dizem e declare, com fé e em alta voz, o versículo 50 de Salmos 18:

> *É ele quem dá grandes vitórias ao seu rei e usa de misericórdia para com o seu ungido, com Davi e sua posteridade, para sempre.*

Reflita: onde você tem buscado abrigo? Por que, muitas vezes, esconde-se atrás de suas dores, grosserias ou máscaras? Refugiar-se em qualquer lugar que não seja o Senhor e a Sua Palavra é perda de tempo! Volte os seus olhos para a face d'Ele e os seus ouvidos para a Sua voz. Caminhar com Deus gerará comunhão e confiança, e isso fará com que um cântico de adoração brote dos seus lábios.

Anotações

Apesar do cenário desfavorável, ele se posicionava na presença do Senhor e refugiava-se n'Ele, crendo que o Pai era forte e poderoso para dar-lhe a vitória.

Dia 3

O caminho para a felicidade

Bem-aventurado é aquele que não anda no conselho dos ímpios, não se detém no caminho dos pecadores, nem se assenta na roda dos escarnecedores. Pelo contrário, o seu prazer está na lei do Senhor, e na sua lei medita de dia e de noite. Ele é como árvore plantada junto a uma corrente de águas, que, no devido tempo, dá o seu fruto, e cuja folhagem não murcha; e tudo o que ele faz será bem-sucedido. Os ímpios não são assim; são, porém, como a palha que o vento dispersa. [...] Pois o Senhor conhece o caminho dos justos, mas o caminho dos ímpios perecerá.

(Salmos 1.1-4, 6)

Quando lemos o primeiro capítulo de Salmos, percebemos que existem dois caminhos pelos quais podemos seguir: o dos ímpios, que maquinam o mal e permanecem com o coração endurecido aos desígnios do Pai; e o dos justos, que meditam dia e noite na Lei do Senhor e sentem prazer em conhecê-la.

Logo no início da passagem, a Bíblia enfatiza que o caminho dos justos — de alegria, bem-estar e satisfação — é para aqueles que desejam ter uma vida separada, que não seguem o conselho dos ímpios, a conduta dos pecadores e a companhia dos escarnecedores — porque estes são frágeis e passageiros, como palha ao vento. Talvez hoje o seu desejo seja trilhar um caminho de sucesso, mas examine a sua vida por um instante: quais conselhos você tem buscado? Quais são as vozes às quais você tem dado ouvido? Aqueles que a aconselham podem afastá-la ou levá-la ao caminho de satisfação. Os ímpios sempre terão o que dizer, mas bem-aventurado é aquele que os ignora.

Ao seguirmos a leitura, fica ainda mais evidente que escolher o segundo caminho é a chave para encontrar a **felicidade verdadeira**. O salmista deixa claro que as direções atemporais, duradouras e eternas estão cravadas somente nas Escrituras — apenas ela é perfeita e extremamente atual, pois permanece imutável (essas são algumas das características que a diferenciam de outros livros).

> **As direções atemporais, duradouras e eternas estão cravadas somente nas Escrituras.**

Ainda que homens fiéis e profetas possam ser, sim, usados de forma sobrenatural e em grande potencial, apenas a Palavra do Senhor dura para sempre (cf. Isaías 40.8), e não depende de homem algum. Os ímpios, entretanto, não a valorizam e sempre descredibilizam tudo aquilo que é sagrado! Assim, é importante que nós, mulheres cristãs, busquemos cultivar relacionamentos profundos com pessoas que zelam pelo Livro Sagrado e o têm como bússola, além de saberem se basear em seus princípios para nos aconselhar. O Pai anseia que sejamos como árvores plantadas e que possamos dar bons frutos, e, para isso, basta tomarmos a decisão de andar de acordo com a Bíblia.

Deus está à procura de filhos que O amam verdadeiramente e têm devoção por Sua Lei. Isso significa não somente estar em contato, mas também ter prazer em meditar, dia e noite, na Palavra, para ser nutrido pela fonte, que é Cristo. Aqueles que têm prazer na Lei do Senhor são consumidos pela Verdade e se tornam capazes de encontrar a verdadeira felicidade.

Ser feliz não é ter muito dinheiro, uma boa família, sucesso profissional ou o carro do ano. Nós podemos ter essas coisas, mas a real satisfação só é encontrada em Jesus. Ainda que conquistemos bens nesta Terra, nada jamais se comparará àquilo que encontramos no Senhor. Ele é fonte de sabedoria, orientação e prosperidade!

Apenas ao conhecermos a Deus e nos aproximarmos d'Ele seremos genuinamente felizes e bem-sucedidas.

Agora, para firmar essas verdades em seu coração, releia Salmos 1 e declare: "Eu serei como árvore plantada junto a uma corrente de águas, que, no devido tempo, dá o seu fruto, e cuja folhagem não murcha; e tudo o que eu fizer será bem-sucedido".

Reflita: com que frequência você tem meditado na Lei do Senhor? Onde está apoiada a sua felicidade? Qual rota tem trilhado em sua vida? Quais conselhos tem ouvido, os que vêm de influência humana ou os que são de acordo com a Palavra? Você é uma filha de Deus, e Ele tem um caminho de sucesso e felicidade para a sua vida, basta encher-se de Suas afirmações!

Anotações

*Aqueles que
têm prazer na Lei do
Senhor são consumidos
pela Verdade e se
tornam capazes de
encontrar a verdadeira
felicidade*

Dia 4

O reinado de Cristo

Por que se enfurecem as nações e os povos imaginam coisas vãs? Os reis da terra se levantam, e as autoridades conspiram contra o Senhor e contra o seu Ungido, dizendo: "Vamos romper os seus laços e sacudir de nós as suas algemas". Aquele que habita nos céus dá risada; o Senhor zomba deles. Na sua ira, a seu tempo, lhes falará e no seu furor os deixará apavorados, dizendo: "Eu constituí o meu Rei sobre o meu santo monte Sião". [...] Agora, pois, ó reis, sejam prudentes; deixem-se advertir, juízes da terra. Sirvam o Senhor com temor e alegrem-se nele com tremor. (Salmos 2.1-6, 10)

A autoria desse salmo é normalmente atribuída a Davi (cf. Atos 4.25-26). Nele, o autor demonstra sua surpresa e perplexidade diante das nações que estavam tramando contra Deus e o Seu Ungido; apesar disso, ele tinha ciência de que ninguém poderia combatê-lOs ou vencê-lOs, pois o governo de reis e príncipes terrenos jamais se compararia à autoridade do Rei dos reis.

Todo o conteúdo do capítulo 2 do livro de Salmos aponta para um Rei messiânico, por meio da figura de Davi, que era um prenúncio de Jesus e de Seu reinado. Diante disso, a revolta e rebelião das nações, no texto, vinha da falta de conhecimento da Verdade. Naquela época, as pessoas não tinham a convicção de que Deus guerrearia com o povo de Israel, venceria e os redimiria por meio d'Aquele que viria. Hoje em dia, algo parecido acontece: existe uma revolta e uma perseguição àqueles que se levantam para espalhar a Verdade anunciada por Cristo e defender o Evangelho. Muitos cristãos, ao proclamarem o reinado messiânico, são taxados de loucos e burros por quem, sem conhecimento da graça, revolta-se agressivamente com os assuntos celestiais.

O salmo 2, sendo uma profecia messiânica, estende a nós a realidade da promessa que o Senhor fez ao Rei, Cristo:

> *[...] Você é meu Filho, hoje eu gerei você. Peça, e eu lhe darei as nações por herança e as extremidades*

> *da terra por sua possessão. Com uma vara de ferro você as quebrará e as despedaçará como um vaso de oleiro.* (vs. 7-9)

Em todo o saltério — e em toda a Palavra de Deus, na verdade — encontramos evidências de Cristo. Aliás, quando esteve na Terra como homem, Ele mesmo anunciava a chegada do Reino de Deus. Em Lucas, quando O indagam, Jesus fala da vinda do Reino da seguinte forma:

> *[...] — O Reino de Deus não vem com visível aparência. Nem dirão: "Ele está aqui!" Ou: "Lá está ele!" Porque o Reino de Deus está entre vocês. A seguir, Jesus disse aos seus discípulos: — Virá o tempo em que vocês desejarão ver um dos dias do Filho do Homem, mas não verão. E dirão a vocês: "Ele está aqui!" Ou: "Lá está ele!" Não saiam nem sigam essa gente. Porque assim como o relâmpago, que resplandece e brilha de uma extremidade do céu até a outra, assim será, no seu dia, o Filho do Homem. Mas é necessário que primeiro ele padeça muitas coisas e seja rejeitado por esta geração.* (Lucas 17.20-25)

Além disso, em Marcos, o Mestre conta duas histórias aos Seus discípulos, a parábola da semente e a parábola do grão de mostarda, para explicar como esse Reino será e a que se comparará, então Ele diz:

> *[...] —* ***O Reino de Deus é como um homem que lança a semente na terra****. Ele dorme e acorda, de noite e de dia, e a semente germina e cresce, sem que ele saiba como. A terra por si mesma frutifica: primeiro aparece a planta, depois, a espiga, e, por fim, o grão cheio na espiga. E, quando o fruto já está maduro, logo manda cortar com a foice, porque chegou a colheita.* (Marcos 4.26-29 – grifo nosso)

> *[...] — Com que poderemos comparar o Reino de Deus? Ou com que parábola o apresentaremos?* ***Ele é como um grão de mostarda****, que, quando semeado, é a menor de todas as sementes sobre a terra; mas, uma vez semeada, cresce e se torna maior do que todas as hortaliças; cria ramos tão grandes, que as aves do céu podem se aninhar à sua sombra.* (Marcos 4.30-32 – grifo nosso)

Nada se compara ao Reino prometido que há de vir! O crescimento dele não pode ser compreendido com nossos frágeis olhos humanos e nem visto, porque pertence ao Senhor. Ele fará! Ele livrará e governará o Seu povo, como Davi escreveu há milhares de anos! Graças à obra da Cruz, somos embaixadoras em nome de Cristo (cf. 2 Coríntios 5.20-21) e hoje podemos anunciar um Reino que não está ligado às coisas terrenas: "Porque o Reino de Deus não é comida

Graças à obra da Cruz, somos embaixadoras em nome de Cristo.

nem bebida, mas justiça, paz e alegria no Espírito Santo" (Romanos 14.17).

Reflita: hoje, você pode participar ativamente do Reino celestial! Se um dia foi encontrada por Deus e se tornou filha d'Ele, você é convocada a participar da mesa do Pai e desfrutar de Seus despojos. Você tem abraçado essa identidade de embaixadora do Reino e agido como portadora da Verdade?

Anotações

Nada se compara
ao Reino prometido
que há de vir!

Dia 5

Confiando em meio à adversidade

Senhor, como tem crescido o número dos meus adversários! São numerosos os que se levantam contra mim. São muitos os que dizem de mim: "Não há em Deus salvação para ele." Porém tu, Senhor, és o meu escudo protetor, és a minha glória e o que exalta a minha cabeça. Com a minha voz clamo ao Senhor, e ele do seu santo monte me responde. Eu me deito e pego no sono; acordo, porque o Senhor me sustenta. Não tenho medo dos milhares que tomam posição contra mim de todos os lados. Levanta-te, Senhor! Salva-me, Deus meu [...]. Do Senhor é a salvação. A tua bênção esteja sobre o teu povo! (Salmos 3)

Davi era um guerreiro valente, líder de exércitos, rei escolhido, e, acima de tudo, um homem dependente do Senhor. Esse salmo destaca como o coração do profeta reconhecia a soberania de Deus em todos os momentos; em perigo ou em meio a ameaças, o governante exaltava o Pai e buscava refúgio em Sua graça.

A canção em Salmos 3 foi escrita como uma oração íntima em um contexto de dificuldade. O profeta passava por algo nada simples. Absalão, seu descendente, tinha se rebelado contra ele, buscando usurpar seu trono. Assim, perseguia e maquinava conspirações contra a vida do pai. Isso obrigou Davi a fugir de Jerusalém para escapar da ameaça iminente (cf. 2 Samuel 17.1-14). Já pensou ter o próprio filho como um de seus maiores inimigos? É até difícil visualizar tamanha atrocidade, mas isso era o que o rei enfrentava.

Lembre-se de Quem é capaz de curar feridas e trazer paz.

> *Eu aconselho que, a toda pressa, se reúna em torno de você todo o Israel, desde Dã até Berseba, em multidão como a areia do mar, e que você mesmo os guie na batalha. Então o atacaremos onde quer que se encontre e facilmente cairemos sobre ele, como o orvalho cai sobre a terra. E não ficará ele nem nenhum dos homens que estão com ele — nem um só!*
> (2 Samuel 17.11-12)

Diante dessa situação, imagino que, ainda que fosse um grande líder e guerreiro, Davi sofria e se angustiava, pois era humano, como eu e você. Provavelmente, o rei sentia medo. Apesar disso, seus olhos estavam voltados para o Deus de Israel. Ele buscava conforto e refúgio em sua fé, e seus lábios declaravam canções e súplicas sinceras, como: "[...] Senhor, és o meu escudo protetor, és a minha glória e o que exalta a minha cabeça" (Salmos 3.3).

Não sei como está o seu coração hoje... Pode ser que você esteja vivendo alguma situação difícil, mas lembre-se de Quem é capaz de curar feridas e trazer paz. Quando nos encontramos diante de desafios, é fácil nos sentirmos sobrecarregadas e desanimadas, mas é em momentos como esses que a nossa fé e confiança n'Aquele que tudo pode se tornam ainda mais importantes. Então, seja qual for a situação que estiver passando, eleve a sua voz e cante sinceramente a Ele.

Sempre que nos conectamos ao Pai por meio da adoração sincera, nós nos aproximamos d'Ele. A adoração genuína é fruto da intimidade com o Senhor, e é uma maneira de reconhecer Sua grandeza, bondade e fidelidade em todos os momentos.

Davi sabia **Quem** o havia colocado no trono e o manteria lá até o fim de seu reinado, mas tinha essa certeza apenas porque conseguia discernir a voz do Alto. O rei sabia que, independentemente da situação, o Senhor podia surpreendê-lo, e que o incerto era palco para o agir sobrenatural do Todo-Poderoso.

Reflita: onde você tem depositado a sua confiança? O Deus que livra uma nação inteira e cumpre todas as Suas promessas é fiel! Por que se deixar abalar e duvidar de que você é guardada por Ele? Quero convidá-la a assumir uma nova postura diante das adversidades. Em vez de encher os lábios de murmuração e questionamentos, tente louvar e clamar ao Pai, chamando-O para o caos e O entronizando em seu coração. Se precisar de ajuda, escolha algum salmo para cantar, trazendo as verdades bíblicas para a sua realidade.

Anotações

Apesar disso,
seus olhos estavam
voltados para o Deus
de Israel. Ele buscava
conforto e refúgio em
sua fé, e seus lábios
declaravam canções e
súplicas sinceras.

Dia 6

A dor e a angústia

Responde-me quando clamo, ó Deus da minha justiça; ***na angústia, tu me deste alívio; tem misericórdia de mim e ouve a minha oração.*** *Filhos dos homens, até quando vocês vão querer transformar a minha glória em vergonha? Até quando amarão a vaidade e buscarão a mentira? Saibam, porém, que o Senhor distingue para si o piedoso; o Senhor me ouve quando eu clamo por ele. [...] Senhor, levanta sobre nós a luz do teu rosto. Mais alegria me puseste no coração do que a alegria deles, quando eles têm fartura de cereal e de vinho. Em paz me deito e logo pego no sono, porque só tu, Senhor, me fazes repousar seguro.*

(Salmos 4.1-3, 6-8 – grifo nosso)

Davi era profundamente amado pelo Senhor, e, não à toa, era conhecido como um homem segundo o coração de Deus (cf. Atos 13.22). Sem dúvidas, ele era totalmente entregue ao Pai. Entretanto, isso não significa que o profeta não falhava, não se sentia triste ou não pecava. O saltério, assim como toda a Bíblia Sagrada, conta-nos as vitórias e virtudes do povo de Deus, mas também os desafios enfrentados no caminho.

O profeta tinha sua angústia aflorada, principalmente, quando se via impuro diante do Senhor. Vez após vez, Davi ia até o Rei dos reis e suplicava por perdão e compaixão — tanto em seu favor como em favor do seu povo. Em cada vestígio de dor e desespero, o cuidado do Alto o encontrava. Como qualquer pessoa, o rei precisava do auxílio divino para viver e colocar-se de pé todos os dias, pois sabia que somente por meio da misericórdia dos Céus teria alguma autoridade no reino e acesso à intimidade com o Amado.

O saltério, assim como toda a Bíblia Sagrada, conta-nos as vitórias e virtudes do povo de Deus, mas também os desafios enfrentados no caminho.

Da mesma forma, hoje, devemos externar nossas angústias, como o salmista. Nós não precisamos resolver nada sozinhas, pois existe um Deus cuidando do nosso coração, e sempre que nos sentimos abatidas, ansiosas, aflitas ou agoniadas, podemos levar nossas dores aos pés da Cruz, crendo que o amor do Pai nos alcança e transforma tudo em paz, conforto e alívio.

Todas nós temos nossas dores, sejam elas emocionais ou físicas; recentes ou de longa data; causadas por pecados ou por circunstâncias externas... Independentemente do que seja, sempre há algo que nos machuca! No fim, ninguém está imune à angústia e à dor. Apesar disso, é importante nos alegrarmos. Diante de situações incontroláveis ou de surpresas indesejadas, precisamos colocar um sorriso no rosto! Não deixe a sensação de aperto no peito calar a sua voz. Abra a boca e conte ao Consolador as coisas que afligem o seu interior e as ansiedades que rondam sua mente.

Os seus problemas e as suas dores não limitam quem Deus é. O Todo-Poderoso é maior do que qualquer circunstância. Ele é o único que permanece para sempre e é constante mesmo na inconstância de nossos corações. Não deixe a esperança morrer! O Pai é o alívio para os angustiados, e Seu poder e bondade são inabaláveis. Ainda que o cenário ao seu redor pareça igual ou que os problemas não mudem, é d'Ele que virá a paz, e, assim como Davi, é a essa paz que devemos nos apegar, sabendo que o Senhor responderá ao nosso clamor. Diante de cenários adversos ou, até mesmo, do peso que os dias tentam colocar sobre os nossos ombros, Jesus nos convida a descansar n'Ele.

> *— Venham a mim todos vocês que estão cansados e sobrecarregados, e eu os aliviarei. Tomem sobre vocês o meu jugo e aprendam de mim, porque sou manso e humilde de coração; e vocês acharão descanso para a sua alma. Porque o meu jugo é suave, e o meu fardo é leve.* (Mateus 11.28-30)

Reflita: qual a sua primeira reação quando a ansiedade surge ou as circunstâncias mudam? Geralmente, você se desespera? A angústia é um sentimento humano, está tudo bem! Porém, como cristãs, temos a plena convicção de que o Consolador cuida de nós em meio às tempestades! Devemos confiar em quem Ele é! O Senhor responde à nossa súplica, e podemos declarar, como em Salmos 4: "Em paz me deito e logo pego no sono, porque **só tu, Senhor, me fazes repousar seguro**" (v. 8 – grifo nosso).

Anotações

*Os seus problemas
e as suas dores não
limitam quem Deus é.*

Dia 7

O milagre da manhã

Dá ouvidos, Senhor, às minhas palavras e acode ao meu gemido. Escuta, Rei meu e Deus meu, a minha voz que clama, pois a ti é que imploro. ***De manhã, Senhor, ouves a minha voz; de manhã te apresento a minha oração e fico esperando.*** *Pois tu não és Deus que se agrade com a iniquidade, e contigo não subsiste o mal. Os arrogantes não permanecerão na tua presença; odeias todos os que praticam a iniquidade. Tu destróis os que proferem mentira; o Senhor abomina o sanguinário e o fraudulento. Eu, porém, pela riqueza da tua misericórdia, entrarei na tua casa e me prostrarei diante do teu santo templo, no teu temor.* (Salmos 5.1-7 – grifo nosso)

Na passagem de Salmos 5, vemos como Davi buscava diariamente pelo Senhor. Além de ser espontâneo e intenso em suas orações, o salmista era constante em conhecê-lO. Nada o impedia de buscar a Deus, nem mesmo perseguição, desconforto, angústia, sofrimento, perigo ou agonia. Em todo tempo, colocava-se diante do Pai, em fidelidade.

Além disso, o rei carregava consigo um princípio: o das **primícias**. Ele entregava as primeiras coisas ao Senhor e, principalmente, a parte primária de seu dia. Certamente, Davi era atarefado e ocupado. Como governante de uma grande nação, precisava coordenar o povo, organizar os exércitos, cuidar de sua família, ter certeza de que o alimento chegaria a todos, firmar acordos, entre tantas outras atribuições; mas, ainda assim, em meio à sua rotina nada tranquila, ele priorizava o seu encontro diário com o Pai.

Ao expressar o seu anseio por encontros com o Eterno, o profeta nos ensina que devemos desejar a Deus incessantemente. A partir do exemplo do salmista, fica evidente o motivo de precisarmos fazer do nosso momento devocional uma prioridade; não para "cumprir tabela", mas para nos enchermos do conhecimento divino. Quanto mais inundadas pelos afazeres do dia a dia, mais devemos buscar orientação em Sua Presença.

Entretanto, não pense que ser como Davi significa apresentar-se ao Senhor com uma imensa lista de afazeres e pedir a Sua ajuda. Não! Buscar a face do Amado não se resume a isso. Nossa verdadeira preocupação deve estar em derramar o coração diante do Rei dos reis, entendendo a nossa condição de dependência e necessidade d'Ele **para todas as coisas**.

Entregar as primícias ao Senhor é um ato de adoração verdadeira e devoção profunda. Como cristãs, devemos deixar que esse hábito invada todas as áreas da nossa vida: financeira, conjugal, ministerial, familiar... Ao consagrarmos cada detalhe do nosso dia a Ele, estamos dizendo: "Tudo o que tenho é Seu, e nada é mais importante do que o Senhor". O Eterno agrada-Se de um coração sincero e confiante n'Ele!

Precisamos de Deus para acordar, falar, andar, respirar, trabalhar, viver e conviver com outras pessoas. Diante disso, adquirir consciência sobre a soberania do Altíssimo nas coisas mais simples é primordial para que, durante os desafios maiores, nossa esperança esteja depositada somente no Todo-Poderoso. É fundamental que, diligentemente, derramemos as nossas lágrimas, dificuldades, anseios, alegrias e vitórias aos pés de Cristo, porque tudo está debaixo do Seu comando.

Devemos desejar a Deus incessantemente.

Seja sistemática em sua busca por conhecê-lO. Crie uma rotina de oração, leitura e meditação na Palavra. Procure por planos de leitura, se necessário, ou junte-se a irmãs em Cristo. Antes de ligar o celular ou falar com alguém, fale com o seu Pai e tenha certeza de que você crescerá em intimidade por meio de sua constância!

Reflita: você tem dado suas primícias ao Senhor, como Davi, ou Lhe tem entregado apenas o que sobra do seu dia, do seu dinheiro, da sua vida ou do seu serviço? Ele merece a sua intensidade e disciplina em todas as coisas!

Anotações

Adquirir consciência
sobre a soberania do
Altíssimo nas coisas
mais simples é primordial
para que, durante
os desafios maiores,
nossa esperança esteja
depositada somente no
Todo-Poderoso.

Dia 8

Contentamento no hoje

Quão preciosa é, ó Deus, a tua ***benignidade****! E por isso os filhos dos homens se abrigam à sombra das tuas asas. Eles se fartarão da gordura da tua casa, e os farás beber da corrente das tuas delícias; porque em ti está o manancial da vida; na tua luz veremos a luz. Estende a tua benignidade sobre os que te conhecem, e a tua justiça sobre os retos de coração.*
(Salmos 36.7-9 – ARC – grifo nosso)

No salmo 36, o salmista reconhece o valor da bondade de Deus. De fato, o Senhor é bom! Isso faz parte da Sua natureza e revela Seu imenso amor e cuidado por nós. Não podemos sequer tentar medir a Sua benignidade.

Ao meditarmos na passagem, entendemos, ainda, que o desejo do Pai é que tenhamos uma alma feliz e satisfeita em quem Ele é. Nunca foi Sua intenção que vivêssemos sobrecarregadas e cheias de preocupações; então, com infinita compaixão, o Rei nos dá tudo de que precisamos — e Jesus já nos ensinou sobre isso.

O Senhor é bom! Isso faz parte da Sua natureza e revela Seu imenso amor e cuidado por nós.

> *— Por isso, digo a vocês: não se preocupem com a sua vida, quanto ao que irão comer ou beber; nem com o corpo, quanto ao que irão vestir. Não é a vida mais do que o alimento, e não é o corpo mais do que as roupas? Observem as aves do céu, que não semeiam, não colhem, nem ajuntam em celeiros. No entanto, o Pai de vocês, que está no céu, as sustenta. Será que vocês não valem muito mais do que as aves? [...] Observem como crescem os lírios do campo: eles não trabalham, nem fiam. [...] Ora, se Deus veste assim a erva do campo, que hoje existe e amanhã é lançada no forno, não fará muito mais por vocês, homens de pequena fé? Portanto, não se preocupem, dizendo: "Que comeremos?", "Que beberemos?" ou "Com que*

> *nos vestiremos?" Porque os gentios é que procuram todas estas coisas.* ***O Pai de vocês, que está no céu, sabe que vocês precisam de todas elas.*** (Mateus 6.25-26, 28-32 – grifo nosso)

Entretanto, precisamos ler esse texto e entender que o Mestre não disse que atenderia a cada um dos nossos caprichos e vontades, mas, sim, que o Senhor, como um bom Pai, conhece nossas necessidades e sabe exatamente do que precisamos para crescer e amadurecer. É a compreensão dessa realidade que nos traz a verdadeira satisfação, pois o real contentamento é muito mais do que ter os nossos desejos realizados; ele está relacionado ao reconhecimento da infinita bondade do Pai, e somente o alcançamos quando nos deixamos ser preenchidas pela Sua presença.

Enquanto seres humanos, possuímos, em nosso interior, um anseio por comprazimento, o qual só pode ser suprido por Deus. Somente o Espírito é capaz de ocupar o vazio que existe em nós. Ao lermos Salmos 36.7-9, percebemos que o salmista se sente farto com o que lhe foi dado, pois ele sabia que o Todo-Poderoso jamais mudaria. A benignidade do Pai não está condicionada a um momento ou às nossas atitudes; ser bom faz parte do caráter d'Ele.

Ainda que as conquistas da Terra nos proporcionem alguma felicidade, são passageiras. Apenas o Senhor é eterno, pois "é ele que engrandece as vitórias do seu rei e usa de **benignidade** com o seu ungido, com Davi, e com a sua posteridade para sempre" (Salmos 18.50 – ARC – grifo nosso)! Uma alma satisfeita n'Ele encontra deleite e alegria duradouros. Mulheres preenchidas por Deus não se limitam às circunstâncias e sempre têm esperança; o Senhor é a sua fonte de ânimo e encorajamento nos dias difíceis.

Encontrar satisfação não significa ficar parada; contrariamente, é ser fiel e aprimorar-se no que Ele lhe deu. Uma dica para cultivar o contentamento é criar hábitos de reflexão e buscar viver de forma equilibrada. Todas as áreas precisam ser fundamentadas em algo que as edifique, então você pode, por exemplo, implementar práticas saudáveis na sua alimentação, nas suas finanças, nos seus relacionamentos, no seu ministério e na sua família. Ou, ainda, fazer uma avaliação e manter somente o que a leva para mais perto do Pai; afaste-se de tudo o que suga sua energia ou gera algum nível de desgaste. Seja intencional em buscar estratégias para que a sua alma e mente estejam leves e livres das preocupações que afastam você do contentamento.

Além disso, não deixe de lado a parte mais importante: a intimidade com Deus. Não negocie as suas disciplinas espirituais e seu tempo particular com o Senhor, pois, ainda que sua vida pareça estar um sucesso em todos os âmbitos, a alegria plena só pode ser encontrada n'Ele.

A busca por mais do Espírito Santo traz equilíbrio para todas as áreas e nos ajuda a não negligenciarmos ou punirmos a nós mesmas. Ao fortalecermos o relacionamento com o Pai, temos mais clareza sobre as situações que surgem no nosso dia a dia.

Reflita: você está satisfeita em Deus hoje? Existe alguma área da sua vida que se encontra sem equilíbrio, alegria ou beleza? Crie uma rotina saudável como uma maneira de proclamar esperança para a sua alma. Gere expectativas e creia na bondade d'Ele, pois ela dura para sempre. Vá até Jesus, porque n'Ele existe plenitude, descanso e contentamento.

Anotações

Encontrar satisfação não significa ficar parada; contrariamente, é ser fiel e aprimorar-se naquilo que Ele lhe deu.

Dia 9

Encontrando equilíbrio

Quem tenho eu no céu além de ti? E quem poderia eu querer na terra além de ti? Ainda que a minha carne e o meu coração desfaleçam, Deus é a fortaleza do meu coração e a minha herança para sempre. Os que se afastam de ti certamente perecerão; tu destróis todos os que são infiéis para contigo. Quanto a mim, bom é estar perto de Deus; faço do Senhor Deus o meu refúgio, para proclamar todas as suas obras.

(Salmos 73.25-28)

Diferentemente dos salmos nos quais meditamos até aqui, este foi escrito por Asafe — líder dos músicos e da adoração no Templo durante o reinado de Davi (cf. 1 Crônicas 16.4-5). Nesse texto, os questionamentos dele demonstram um embate interior com o qual podemos nos identificar em diversos momentos da vida: a **inconstância**. Quantas vezes já precisamos recalcular a rota? Ou, então, já nos questionamos sobre o motivo de Deus fazer as coisas de determinada forma?

Asafe também teve seu momento de conflito interno. Diante do progresso dos ímpios, ele se perguntava como poderiam "evoluir" tanto se praticavam o mal (cf. Salmos 73.12-13). Confuso, o salmista questionou o Senhor com sinceridade, enquanto sua alma permanecia inquieta e sem confiança.

Em Romanos 7, Paulo nos lembra que ninguém está livre de sentir essa angústia ou de errar, pois a nossa alma é pecaminosa, inconstante e cheia de maldade.

> *Porque nem mesmo compreendo o meu próprio modo de agir, pois não faço o que prefiro, e sim o que detesto. Ora, se faço o que não quero, concordo com a lei, que é boa. Neste caso, quem faz isso já não sou eu, mas o pecado que habita em mim. Porque eu sei que em mim, isto é, na minha carne, não habita bem nenhum, pois o querer o bem está em mim, mas não o realizá-lo. Porque não faço o bem que eu quero, mas o mal que não quero, esse faço. Mas, se*

> *eu faço o que não quero, já não sou eu quem o faz, e sim o pecado que habita em mim. Assim, encontro esta lei: quando quero fazer o bem, o mal reside em mim. Porque, segundo o homem interior,* ***tenho prazer na lei de Deus****.* (vs. 15-22 – grifo nosso)

Diante desse sentimento, então, Asafe resolveu adorar a Deus e, assim, encontrou as respostas e a estabilidade que buscava (cf. Salmos 73.16-17). Entrar no santuário e louvar bastou para que seu coração se aquietasse. Ao contemplar o Senhor e meditar em Sua Lei, tudo se fez claro. Por meio da adoração, o salmista reconheceu novamente o Altíssimo e lembrou-se de que o Seu cuidado e a Sua fidelidade duram para sempre.

Entrar no santuário e louvar bastou para que seu coração se aquietasse.

> *[...] Tu me seguras pela minha mão direita. Tu me guias com o teu conselho e depois me recebes na glória. Quem tenho eu no céu além de ti? E quem poderia eu querer na terra além de ti?* (vs. 23-25)

Segundo o dicionário Michaelis, estabilidade é a "qualidade ou característica daquilo que é estável; solidez; que denota firmeza; [...] é invariável". Se prestarmos atenção, perceberemos que esse mesmo significado pode ser atribuído à Bíblia, pois na Palavra encontramos solidez; ela jamais muda (cf. Mateus 24.35). Como um bom

Pai, o Senhor espera que, assim como o autor do salmo 73, encontremos respostas na adoração e na meditação das Escrituras; porém, isso só pode ser alcançado por meio de uma busca constante. Como filhas de Deus, ao lermos a passagem escrita por Asafe ou o trecho da carta do Apóstolo Paulo, somos confrontadas e impactadas. Ainda que, por vezes, sentimentos confusos surjam, não podemos deixá-los nos dominar. Enquanto imitadoras de Cristo, devemos considerar essas passagens um convite à transformação do nosso relacionamento com o Eterno.

A adoração genuína e a constância têm o poder de colocar nosso coração no lugar certo, sabendo que ele dominará nossa mente (pensamentos) e nosso corpo (atitudes). Por esse motivo, inclusive, Salomão nos instrui: "De tudo o que se deve guardar, **guarde bem o seu coração**, porque dele procedem as fontes da vida" (Provérbios 4.23 – grifo nosso). Nossos tesouros estão escondidos no coração, então, ao nos enchermos das coisas do Alto, dele transbordará vida.

Reflita: diante da sua realidade, como você pode buscar e manter a estabilidade em sua jornada de fé? Nós, mulheres cristãs, devemos desejar a solidez em todos os âmbitos, mas principalmente na caminhada com Cristo. Ainda que a inconstância esteja presente em alguns momentos, não a deixe vencer! Olhe para o Senhor e busque as respostas n'Ele e em Sua Palavra, que é eternamente firme e sólida!

Anotações

A adoração genuína e a constância têm o poder de colocar nosso coração no lugar certo.

Dia 10

A Palavra viva e eficaz

Eterna é a justiça dos teus testemunhos; dá-me entendimento, e viverei. De todo o coração eu te invoco; ouve-me, Senhor; observo os teus decretos. Clamo a ti; salva-me, e guardarei os teus testemunhos. Levanto-me antes do amanhecer e clamo; na tua palavra, espero confiante. Fico acordado nas vigílias da noite, para meditar na tua palavra. Ouve, Senhor, a minha voz, segundo a tua bondade; vivifica-me, segundo os teus juízos.

(Salmos 119.144-149)

Existem 150 salmos no saltério, e o 119 é o maior deles. De autoria desconhecida, foi escrito como um poema acróstico, com vinte e duas estrofes, uma para cada letra do alfabeto hebraico. É inegável a beleza e a sacralidade desse texto, e ainda mais incrível é o fato de abordar a própria Palavra! Entre todos os assuntos que poderiam ter sido tratados nas linhas dessa passagem, o autor escolheu redigir sobre a Bíblia e seu uso prático, isso é fantástico! Sem dúvidas, é um dos meus favoritos.

Quando o salmo foi escrito, as Escrituras Sagradas não eram como conhecemos hoje: um livro completo, com capas diferentes e coloridas, em diversas versões e traduções. Tudo o que o salmista possuía eram porções da Lei; ainda assim, considerava-as o seu bem mais precioso. No versículo 160, ele diz: "As tuas palavras são em tudo **verdade** desde o princípio, e cada um dos teus justos juízos dura para sempre" (grifo nosso). Não existe incoerência, erro, mentira ou engano na Palavra, pois ela é viva e um reflexo do próprio Criador. Para nós, cristãs, serve como uma bússola, e é a verdade pela qual devemos pautar a nossa vida!

Tudo o que o salmista possuía eram porções da Lei; ainda assim, considerava-as o seu bem mais precioso.

A Lei do Senhor nos sustenta nos dias mais difíceis. Há alguns anos, minha mãe teve um Acidente Vascular Cerebral (AVC) e ficou internada na UTI por vários dias. A situação me dilacerou por dentro; eu não conseguia dormir, comer ou dizer nada. Sempre que a via, sentia minhas forças sendo sugadas e a fraqueza tomando conta do meu ser. Entretanto, foi com a minha alma nesse estado que fui nutrida pelos preceitos do Altíssimo. Eu tive várias crises de pânico, e remédio nenhum conseguiu acalentar o desespero do meu interior, até o momento em que o Pai me direcionou a buscá-lO em Seu Sagrado Livro, o que prontamente fiz. Então, aos poucos, fui curada; a Palavra me sarou!

No dia mais turbulento e desesperançoso, busque pelas verdades reveladas na Bíblia sobre quem Deus é e quão grande é o Seu poder. Nos dias cheios de alegria ou angústia, as Escrituras podem nos conduzir e trazer vida, como o autor diz em Salmos 119.105-112:

> *Lâmpada para os meus pés é a tua palavra, é luz para os meus caminhos. Jurei e confirmei o juramento de guardar os teus retos juízos. Estou aflitíssimo; vivifica-me, Senhor, segundo a tua palavra. Aceita, Senhor, a espontânea oferenda dos meus lábios e ensina-me os teus juízos. A minha vida está sempre em perigo; no entanto, não me esqueço da tua lei. Os ímpios armam ciladas contra mim, mas eu não me desvio dos teus preceitos. Os teus testemunhos, recebi-os por legado perpétuo, porque são a alegria do meu coração. Inclino o coração a guardar os teus decretos, para sempre, até o fim.*

Essa deve ser a nossa oração e clamor todos os dias! A Palavra vivifica a alma e o corpo, além de transformar todas as coisas e curar cada parte ferida do nosso ser. Leia e releia o salmo 119 diariamente, quantas vezes forem necessárias! Não o leia como um mantra, mas com a intenção de aplicar em sua vida cada tesouro escondido no texto. Ore todos os versículos e deixe-os penetrar em seu íntimo!

Reflita: você tem utilizado a Bíblia como uma bússola? Com que frequência medita nas Escrituras? Dedique-se a mergulhar no Livro Sagrado e gaste tempo no manual deixado pelo Pai para nós! Assim como eu já experimentei cura e transformação por meio dos preceitos do Senhor, tenho certeza de que você também pode encontrar renovação e restauração em cada página. A Bíblia precisa ser a sua regra de vida e deve guiar as suas decisões antes de qualquer coisa. Ela é a única forma de vencer batalhas e de viver nesta Terra em concordância com o coração de Deus!

Anotações

A Palavra vivifica a alma e o corpo, além de transformar todas as coisas e curar cada parte ferida do nosso ser.

Dia 11

Força na jornada

Senhor, tu tens sido o nosso refúgio, de geração em geração. Antes que os montes nascessem e tu formasses a terra e o mundo, de eternidade a eternidade, tu és Deus. Tu reduzes o ser humano ao pó e dizes: "Voltem ao pó, filhos dos homens". Pois mil anos, aos teus olhos, são como o dia de ontem que se foi e como a vigília da noite. (Salmos 90.1-4)

Moisés, por meio desse texto, ensina-nos o valor da sabedoria. De acordo com o salmista, essa virtude deve nortear todos os nossos dias na Terra, para que vivamos com propósito (cf. Salmos 90.12). A vida é breve, somos transitórias; estamos apenas de passagem neste mundo, então precisamos nos dedicar à jornada proposta pelo Criador.

O autor desse salmo anunciou as pragas do Egito ao faraó, viu Deus abrir o mar para livrar o povo de Israel e testemunhou Ele os guiando pelo deserto. Moisés viu a poderosa mão do Senhor em muitos momentos de sua caminhada, mas, ainda assim, errou, sentiu medo e se frustrou durante o percurso (do mesmo modo como pode acontecer com qualquer uma de nós). Apesar disso, o profeta, acima de tudo, entendeu o valor de cumprir os propósitos divinos até o fim de sua estadia na Terra, como ele afirma no versículo 12 de Salmos 90: "Ensina-nos a contar os nossos dias, para que alcancemos coração sábio". A chave para vivermos uma vida de valor e com sabedoria é nos colocarmos à disposição do Altíssimo e de todos os Seus planos.

Entretanto, isso não significa que o percurso será fácil e tranquilo. Em diversos relatos bíblicos, vemos as dificuldades enfrentadas por Moisés. Assim como o profeta, iremos nos deparar com desafios e trilharemos caminhos penosos, mas podemos descansar com a certeza de que o Pai estará conosco em todo tempo, basta que tenhamos força e coragem para dar o primeiro passo e seguir a jornada que nos é proposta.

Para nós, cristãs, a vida terrena é uma preparação para a eternidade com Deus. É importante fixarmos essa ideia em nossas mentes e, diante disso, termos responsabilidade e temor em nossos corações! A forma como escolhemos viver os nossos dias importa muito para o Senhor. Somos todas peregrinas em busca de uma jornada com significado e propósito, os quais encontramos apenas n'Ele; não importa o quanto de energia coloquemos em outras atividades, nada se compara a nos colocarmos diante da face do Pai e nos submetermos aos Seus desígnios, tornando-os nossa maior prioridade.

A vida terrena é uma preparação para a eternidade com Deus.

Ao longo do salmo 90, Moisés expõe como a centralidade de Deus na vida do Homem traz crescimento e amadurecimento, independentemente do momento que estejamos vivendo, seja de bonança, seja de dificuldade. Então, apesar de nossa passagem terrena ser breve, o nosso desenvolvimento intelectual, emocional e, principalmente, espiritual, não se perde jamais, ou seja, as sementes que plantamos geram frutos eternos e constroem um legado para as próximas gerações.

Enquanto ainda está na Terra, viva cada momento com intensidade e sabedoria, mas nunca perca de vista a eternidade. Comece o seu dia com Deus, contemple a Presença e declare ao Pai as seguintes palavras: "Sacia-nos de manhã com a tua bondade, para que cantemos de júbilo e nos alegremos todos os nossos dias" (v. 14). Ao reconhecê-lO, nossos dias se enchem de valor e propósito; é a bondade de Deus que nos sacia e alegra, mesmo diante da efemeridade da vida. Sem sombra de dúvidas, isso torna a jornada mais leve e significativa!

Reflita: como você tem encarado os seus dias? No piloto automático, de maneira árdua ou com intencionalidade? O caminho será cheio de altos e baixos, mas as circunstâncias passarão, então seja sábia ao glorificar o nome do Senhor em cada etapa. Seja forte na jornada, mesmo diante dos desafios, e prossiga em direção ao alvo, à Eternidade!

Anotações

Somos todas peregrinas em busca de uma jornada com significado e propósito, os quais encontramos apenas n'Ele.

Dia 12

Ele é a nossa porção

Guarda-me, ó Deus, porque em ti me refugio. Digo ao Senhor: "Tu és o meu Senhor; outro bem não possuo, senão a ti somente". [...] O Senhor é a porção da minha herança e o meu cálice; tu sustentas a minha sorte. [...] Tu me farás ver os caminhos da vida; na tua presença há plenitude de alegria, à tua direita, há delícias perpetuamente.

(Salmos 16.1-2, 5, 11)

Esse hino de Davi é conhecido como o salmo dourado[1]. No versículo 5, quando o salmista declara "O Senhor é a porção da minha herança e o meu cálice; tu sustentas a minha sorte", sinto o meu coração ser profundamente impactado. A passagem é uma perfeita expressão de como a Presença transforma o nosso interior e de como a comunhão nos conecta ao Criador. Você consegue visualizar isso? Quão grandioso e misericordioso Ele é por nos querer tão perto assim! Quão bom é o Pai! A coisa mais valiosa que podemos ter é a companhia do Seu Espírito.

Cura, descanso, alívio, esperança e alegria; todos esses anseios humanos profundos só são encontrados plenamente em um lugar: aos pés do Senhor. Quando O conhecemos, somos preenchidas por quem Ele é. Não tem como escapar da Presença; ela nos cerca a todo momento — e pode estar ao seu redor agora mesmo, onde você está. Se for preciso, deixe este devocional um pouco de lado e deleite-se na companhia do seu Pai!

---

1 Algumas versões bíblicas apresentam, na abertura desse salmo, o título "Mictão de Davi". A palavra "Mictão" vem do hebraico *miktam*, e é um termo técnico de definição incerta. Segundo o *Dicionário Internacional de Teologia do Antigo Testamento*, a partir de sua raiz (*katham*) um dos significados atribuídos à palavra é "entalhamento", em uma tábua, com letras de ouro (no hebraico, *kethem*, palavra de mesma raiz que *miktam*). Devido a essa interpretação, adotada por muitos, a passagem é conhecida como "salmo dourado" ou "salmo de ouro", isto é, um salmo precioso.

Se puder senti-lO, não deixe para depois. Permita-se ser envolvida pelo Amor.

A comunhão com o Altíssimo abre os nossos olhos e nos faz enxergar a vida a partir de Sua perspectiva. Não é apenas um sentimento bom ou um misticismo, é o poder de Deus. É real! Como Davi, mesmo que você seja ferida, perseguida, traída ou derrubada, declare: "[...] 'Tu és o meu Senhor; outro bem não possuo, senão a ti somente'" (Salmos 16.2). Ainda que esteja vivendo uma circunstância muito difícil ou dolorosa, saiba que pode encontrar refúgio n'Aquele que reina eternamente. Assim como Davi, sempre podemos nos apoiar no nosso Deus; Ele tem o futuro de cada uma de nós em Suas mãos.

Do nosso coração precisa fluir uma canção contínua de adoração. O Senhor é a nossa porção! Apenas no Espírito encontraremos alegria genuína, fé, amor, cura e salvação, como o salmista entoa: "Tu me farás ver os caminhos da vida; **na tua presença há plenitude de alegria**, à tua direita, há delícias perpetuamente" (Salmos 16.11 – grifo nosso). Podemos vagar pelo mundo, tentando preencher nossos corações com relacionamentos, carreira, ministério, filhos, joias ou bens, mas de nada valerá! Só somos completas na Presença do nosso Deus! Portanto, não a negocie e não deixe que nada desta Terra roube os seus olhos do Pai.

Do nosso coração precisa fluir uma canção contínua de adoração. O Senhor é a nossa porção!

Quando entendemos de onde vem a verdadeira plenitude, toda a nossa vida passa a apontar para essa realidade. A adoração que flui do nosso interior chega aos Céus como um perfume suave; a nossa oração, como incenso; e o erguer das nossas mãos, como oferenda (cf. Salmos 141.2). O Senhor nos vê, recebe o nosso louvor e Se agrada do nosso cantar!

Reflita: qual será a sua declaração pessoal para o Altíssimo? Assim como Davi entoava lindas canções, como o salmo 16, qual hino fluirá do seu coração até Ele? Deus a formou de modo único e a conhece no íntimo, por isso, sabe qual a sua forma de expressão mais sincera e deseja que ela direcione você a Ele.

Anotações

A comunhão com o Altíssimo abre os nossos olhos e nos faz enxergar a vida a partir de Sua perspectiva.

Dia 13

O defensor na adversidade

Levanta-te, Senhor, na tua indignação, mostra a tua grandeza contra a fúria dos meus adversários e desperta-te em meu favor, segundo o juízo que designaste. Reúnam-se os povos ao redor de ti, e das alturas domina sobre eles. O Senhor julga os povos; julga-me, Senhor, segundo a minha justiça e segundo a integridade que há em mim. [...] Deus é o meu escudo; ele salva os retos de coração. Deus é justo juiz, Deus que sente indignação todos os dias.

(Salmos 7.6-8, 10-11)

Deus é amor, juízo, refúgio, paz e fortaleza. Ao nos debruçarmos sobre a narrativa bíblica, percebemos que o Senhor tem todas essas características (além de muitas outras), e **nunca foge ou muda o Seu caráter**. O Eterno é o mesmo, não importa nossa condição ou situação! Davi não tinha dúvidas disso e, no capítulo 7 de Salmos, mais uma vez, deixa nítido para nós a sua dependência e confiança no Altíssimo.

O Eterno é o mesmo, não importa nossa condição ou situação!

Davi era sempre rápido em buscar a defesa e o auxílio do Alto. Quando se deparou com um cenário de perseguição e injustiça, encontrando-se sem escapatória, o homem segundo o coração de Deus clamou aos Céus, sabendo quem era o Único capaz de julgar corretamente as intenções de seu coração e as de seus inimigos; tinha certeza de que o Senhor o defenderia, pois Ele é a própria justiça! Então, o rei rendeu-se aos pés do Pai e pediu ajuda: "[...] Desperta-te em meu favor, segundo o juízo que designaste" (Salmos 7.6); "[...] Julga-me, Senhor [...]" (v. 8).

A primeira parte do salmo é um apelo de Davi para que fosse protegido daqueles que estavam contra ele (cf. vs. 3-5). Quando fazia algo errado, o rei reconhecia e assumia as devidas consequências; mas, naquela situação, seus inimigos o estavam atacando injustamente, então o profeta clamou por justiça divina, pois sabia que apenas ela não era corrupta nem egoísta. Já na segunda parte da passagem, o salmista reconhece Deus como o juiz perfeito para julgá-lo (cf. v. 8). O Senhor conhece profundamente nossos corações e nossos motivos, Ele nos defenderá.

Quando adversidades e desafios se apresentam diante de nós, é importante nos lembrarmos de que o Eterno é o detentor da suprema justiça. Nada escapa de Seus olhos e nenhum acontecimento foge da Sua vontade! O Senhor é o nosso Defensor e o justo Juiz eternamente. Entretanto, existe um passo a ser dado por nós. Assim como o salmista, também podemos apresentar nossa causa a Ele e clamar por Sua defesa.

Somos Suas filhas! Não precisamos lutar sozinhas! O Altíssimo está sempre pronto para nos defender e nos refugiar. Isso não significa, porém, que nunca passaremos por aflições ou que o Senhor fará os nossos caprichos; o que temos como promessa é que Ele estará conosco em todo tempo. Apenas nos observando? Às vezes, sim. É possível que Ele Se cale em alguns momentos, a fim de moldar o nosso coração em amor, mas **Ele nunca será indiferente ao nosso clamor**. O Eterno ouve o que sai dos seus lábios e vê as lágrimas dos seus olhos, por mais silenciosas que sejam. O Pai a vê!

Reflita: onde você tem depositado a sua confiança? Em seu coração, tem a certeza de que o Todo-Poderoso é fiel e o Juiz mais qualificado para a sua causa, seja ela qual for? Deus não foge de quem Ele é! O Senhor é justo e agirá eternamente com justiça; o Altíssimo é um escudo e jamais hesitará em Se colocar na linha de frente das batalhas por Seus filhos; o Defensor nunca sairá do seu lado; o Mestre é misericordioso e sempre lhe estenderá amor e bondade. O Amado é o início e o fim! O futuro está apenas em Suas mãos. Descanse e clame pela Presença!

Anotações

O Eterno ouve o que sai dos seus lábios e vê as lágrimas dos seus olhos, por mais silenciosas que sejam. O Pai a vê!

Dia 14

A revelação de Deus na natureza e na Palavra

Os céus proclamam a glória de Deus, e o firmamento anuncia as obras das suas mãos. Um dia discursa a outro dia, e uma noite revela conhecimento a outra noite. Não há linguagem, nem há palavras, e deles não se ouve nenhum som. No entanto, por toda a terra se faz ouvir a sua voz, e as suas palavras chegam até os confins do mundo. [...] A lei do Senhor é perfeita e restaura a alma; o testemunho do Senhor é fiel e dá sabedoria aos simples.

(Salmos 19.1-4, 7)

Você já parou para contemplar o céu hoje? É lindo, não é mesmo? O Senhor o criou e adicionou cada cor que, com graciosidade, compõe a grande imensidão. Ele Se revela por meio da Sua criação! A Sua beleza, o Seu poder e a Sua santidade são expressos no cantar dos pássaros, na chuva com vento forte, no balançar das ondas do mar, no brilho dos astros e nas características únicas de cada ser humano.

Ao olhar para o céu estrelado durante a noite, vemos a grandiosidade e a magnificência da obra do nosso Deus. Cada nascer e findar do dia, cada estrela, cada planeta, tudo é um lembrete da soberania e abundante criatividade do Autor da vida. Quando pensamos na beleza do mundo que nos cerca, a ideia de não nos maravilharmos com a diversidade e complexidade das coisas é quase inconcebível. O Altíssimo Se faz conhecido por meio de tudo o que criou, mas, principalmente, revela a Sua natureza por meio do que diz. Várias de Suas palavras estão registradas nas Escrituras Sagradas, então, certamente, o Senhor falou, fala e falará conosco eternamente.

A consciência de que a Presença d'Ele é permanente e constante é primordial para que tenhamos a compreensão de que Ele nunca deixa de Se comunicar com cada um de Seus filhos; seja em oração, seja por meio da Palavra — ou de qualquer outra forma —, Deus deseja ter um diálogo íntimo conosco, e precisamos de atenção e sensibilidade para discernir a voz do Pai. A Bíblia e a natureza que nos cerca são presentes para nos lembrar da Sua Presença constante, pois caminham juntas e ampliam o nosso entendimento da realidade divina.

O salmo 19 foi escrito por Davi. Como já vimos nos devocionais anteriores, o salmista foi um homem que caminhou muito perto de Deus e experimentou níveis elevados de intimidade. Ele contemplava a criação e meditava na narrativa bíblica com zelo e paixão, pois sabia que, assim, conheceria mais do seu Amado.

Sem dúvidas, o Senhor pode falar conosco de inúmeras formas e de jeitos surpreendentes, mas não se esqueça de ter a Bíblia como uma bússola. Para nós, cristãs, a cosmovisão bíblica é fundamental; o Livro Sagrado deve nos servir como um par de óculos, por meio do qual enxergaremos o mundo. Sempre paute as palavras que receber e as afirmações que surgirem no seu coração no que está escrito, pois Deus não vai contra a Sua Palavra. Se o Altíssimo disse algo, não existe a possibilidade de Ele dizer o contrário ou voltar atrás. O Todo-Poderoso não é volátil como nós, Sua opinião nunca muda, de Sua boca só saem verdades!

O Todo-Poderoso não é volátil como nós, Sua opinião nunca muda, de Sua boca só saem verdades!

A Palavra é a revelação do plano magistral do Senhor; é a história da Redenção. Por meio dela, conhecemos quem Ele é, o que quer fazer, o porquê e qual é o Seu desejo. Além disso, a Escritura é a fonte principal pela qual somos transformadas à imagem do Filho e entendemos nossa identidade de filhas.

Reflita: você está atenta à voz do Criador? Sabe identificar quando é o seu Pai falando? Sempre busque na Bíblia instrução para os seus caminhos, pois ela é uma dádiva dada pelo próprio Autor, na qual podemos alimentar a nossa fé. A Palavra revelada em nós é a verdade e a vida encontradas em Cristo Jesus! Lê-la é nos compromissarmos com o encargo de ser a Mensagem viva.

Anotações

A Escritura é a fonte principal pela qual somos transformadas à imagem do Filho e entendemos nossa identidade de filhas.

Dia 15

O bom Pastor

O Senhor é o meu pastor; nada me faltará.
Ele me faz repousar em pastos verdejantes.
Leva-me para junto das águas de descanso;
refrigera-me a alma. Guia-me pelas veredas
da justiça por amor do seu nome.
(Salmos 23.1-3)

Provavelmente, você já leu ou escutou os versículos iniciais do salmo 23 em algum momento da sua vida. Essa passagem é uma das mais conhecidas da Bíblia, e estamos acostumadas a ouvi-la frequentemente; mas já parou para refletir sobre a profundidade da mensagem que ela traz sobre quem Deus é e o que Ele faz por nós?

O texto começa com estas palavras: "O Senhor é o meu pastor; nada me faltará" (v. 1). Ao afirmar isso, o salmista Davi está confessando que confia no Eterno como o seu guia e provedor. As atribuições de um pastor são cuidar e apascentar as suas ovelhas; então ele as alimenta com os nutrientes necessários, tosa seus pelos quando começam a atrapalhar a visão, cuida de seus machucados, limpa os pelos, vigia para que nenhuma delas se perca do rebanho e as guia para o lugar correto de descanso.

O Senhor é o nosso bom pastor! Somos incapazes de nos guiarmos sozinhas ou de termos a visão correta do caminho sem Ele. **Tudo** o que precisamos, encontramos n'Ele; nada mais é capaz de oferecer plenitude e suficiência ao nosso ser. Quando reconhecemos a nossa necessidade de sermos guiadas pelo Pastor, admitimos que somos completamente dependentes da Sua proteção e orientação. O Pai cuida de nós muito melhor do que qualquer outra pessoa e, principalmente, com mais amor.

O Altíssimo nos oferece satisfação e restauração, e tudo o que temos de fazer é deixar que Ele nos limpe, alimente e conduza. Davi estava intimamente familiarizado com os desafios e as lutas da vida e, mesmo assim, afirmava que, com Deus como o seu pastor, podia descansar e sentir-se seguro. Essa certeza também precisa nortear os nossos dias. Se você pensar por alguns instantes, vai se lembrar de algumas coisas que o Senhor já fez e as Suas inúmeras formas de cuidado até aqui. São incontáveis, não é mesmo?

Seja em pastos verdejantes ou no vale da sombra da morte, Ele **esteve** e **está** cuidando de nós. Afinal, a nossa jornada nesta Terra realmente não é fácil, e, embora trilhemos caminhos pedregosos e árduos, podemos nos apegar às promessas do salmo 23.

> *Ainda que eu ande pelo vale da sombra da morte, não temerei mal nenhum, porque tu estás comigo; o teu bordão e o teu cajado me consolam. Preparas-me uma mesa na presença dos meus adversários, unges a minha cabeça com óleo; o meu cálice transborda. Bondade e misericórdia certamente me seguirão todos os dias da minha vida; e habitarei na Casa do Senhor para todo o sempre.* (Salmos 23.4-6)

A primeira delas é que Ele estará conosco constantemente (cf. Salmos 23.4), por isso, não precisamos ter medo. N'Ele sempre encontraremos consolo e descanso, independentemente da situação! A segunda promessa apontada nesse capítulo é que o Justo nos dará honra e provisão frente às batalhas e aos inimigos (cf. v. 5). Ele é o bom Pastor, mas também o supremo Juiz; o Senhor nos vê em meio às guerras e traz a verdadeira justiça, nunca nos deixa sozinhas nem humilhadas.

Por fim, no versículo 6, lemos uma das afirmações mais belas de todo o saltério, pois traduz muito bem o caráter de Deus e o Seu cuidado conosco: "Bondade e misericórdia certamente me seguirão todos os dias da minha vida [...]". É magnífico pensar que o Eterno, com todo o Seu poder e esplendor, persegue-nos com a Sua bondade! Ao dizer isso, Davi expôs a sua certeza de que tudo o que o Pai o revelara sobre o Seu caráter era eterno. O vale ou o deserto podiam aparecer, mas o salmista tinha a convicção de que a misericórdia o seguiria, pois conhecia a natureza do Altíssimo!

É magnífico pensar que o Eterno, com todo o Seu poder e esplendor, persegue-nos com a Sua bondade!

Reflita: o seu coração, hoje, está seguro de que o Senhor conduz você e supre todas as suas necessidades? Você pode até tentar, mas, como ovelha, nunca conseguirá se limpar sozinha, curar seus machucados ou não se perder pelo caminho. Apenas Deus é capaz de guiar os seus passos e cuidar dos seus dias. Em meio aos desafios da vida, descanse na confiança de que o Senhor é o seu Pastor e nada lhe faltará!

Anotações

Somos incapazes de
nos guiarmos sozinhas
ou de termos a visão
correta do caminho
sem Ele.

Dia 16

O Deus que nos acompanha

A ti, Senhor, elevo a minha alma. Deus meu, em ti confio. Não seja eu envergonhado, nem exultem sobre mim os meus inimigos. Na verdade, dos que em ti esperam, ninguém será envergonhado; envergonhados serão os que, sem motivo, procedem traiçoeiramente. ***Faze-me conhecer os teus caminhos, Senhor; ensina-me as tuas veredas. Guia-me na tua verdade e ensina-me, pois tu és o Deus da minha salvação, em quem eu espero todo o dia.***

(Salmos 25.1-5 – grifo nosso)

Os caminhos do Altíssimo são inconfundíveis. Ao longo de nossa vida, muitas estradas se apresentam diante de nós, mas, certamente, nenhuma delas têm como pavimento a verdade, a misericórdia e a justiça, como tem a do Senhor. As veredas corretas de Deus são únicas, e não apenas por Quem as indica, mas porque são cheias de Sua Presença no trajeto. Ele aponta a direção a qual devemos seguir e, melhor do que isso, caminha conosco em cada etapa.

> *Lembra-te, Senhor, das tuas misericórdias e das tuas bondades, que são desde a eternidade. Não te lembres dos meus pecados da mocidade, nem das minhas transgressões. Lembra-te de mim, segundo a tua misericórdia, por causa da tua bondade, ó Senhor. Bom e reto é o Senhor, por isso aponta o caminho aos pecadores. Guia os humildes na justiça e ensina aos mansos o seu caminho. Todas as veredas do Senhor são misericórdia e verdade para os que guardam a sua aliança e os seus testemunhos.* (Salmos 25.6-10)

Davi começa o salmo 25 com uma oração. Primeiro, conecta-se ao Pai, elevando os seus pensamentos a Ele; em seguida, pede que o permita entender os Seus caminhos. O rei de Israel sabia que somente o Altíssimo poderia direcionar a sua vida e, por isso, sempre demonstrava o seu anseio por conhecer os desejos profundos dos Céus. O salmista não focava em si, contrariamente, interessava--se em saber, também, sobre o seu povo. Ele, sem medo, pedia por entendimento, porque tinha a consciência de que "àquele que teme o Senhor, ele o instruirá no caminho que deve escolher" (Salmos 25.12).

O homem segundo o coração de Deus estava tão perto d'Ele que a certeza de que o Senhor Se fazia presente, tanto nos dias tranquilos e pacíficos quanto nos caóticos e assombrosos, era evidente em cada palavra declarada. Lembre-se de que, naquela época, o contexto era diferente. Cristo ainda não havia descido à Terra para nos reconectar ao Pai; ainda assim, a intimidade de Davi apontava para esse fim. Tal nível de proximidade com o Eterno está disponível para nós, hoje, por meio da Cruz. Não desperdice a oportunidade de conhecer o Criador!

Tal nível de proximidade com o Eterno está disponível para nós, hoje, por meio da Cruz.

Em Jeremias 23.23-24, está escrito:

> *— Sou eu Deus apenas de perto, diz o Senhor, e não também Deus de longe? Pode alguém se ocultar em esconderijos, de modo que eu não o veja? — diz o Senhor. Não encho eu os céus e a terra? — diz o Senhor.*

Não temos a capacidade de fugir ou correr do olhar de Deus. Ele é grande, onipresente e poderoso, e nos vê tanto de longe quanto de perto. O Pai deseja Se relacionar conosco de maneira profunda e verdadeira! Por isso, Ele nos acompanha durante todo o caminho, não somente nas partes fáceis da jornada. Nos vales, mares, montanhas, desertos, pastos verdes, jardins ou florestas por onde passamos, o Senhor segura nossas mãos e nos guia com fidelidade, mesmo quando somos imaturas e infiéis.

Muito além disso, Deus não só caminha conosco em nossas lutas, como também nos dá a capacidade de superá-las. Ele cuida de nós nos mínimos detalhes; não porque somos boas e merecedoras, mas porque Ele é misericordioso e bondoso, como reconhece Davi. Quando esperamos e confiamos em Sua orientação, provisão e força nos são dadas com abundância.

Reflita: como está o caminho que você tem trilhado? Está rochoso e difícil, ou leve e ensolarado? Independentemente do momento de sua jornada, a certeza de que o Senhor a acompanha precisa ser uma constante em sua vida. Ele não muda com as circunstâncias! O bom Pastor está — e sempre estará — com você!

Anotações

Deus não só caminha conosco em nossas lutas, como também nos dá a capacidade de superá-las.

Dia 17

Descanse no Senhor

Confie no Senhor e faça o bem; assim você habitará na terra e desfrutará segurança. Deleite-se no Senhor, e ele atenderá aos desejos do seu coração. Entregue o seu caminho ao Senhor; confie nele, e ele agirá: Ele deixará claro como a alvorada que você é justo, e como o sol do meio-dia que você é inocente.

(Salmos 37.3-6 – NVI)

Esse salmo é um convite a nós! Se você o interpretou de alguma outra forma, sugiro que leia novamente. Cada linha desse texto de Davi nos presenteia com preciosos conselhos; porém, mais do que isso, chama-nos a confiar, descansar e esperar no Senhor.

> *Descanse no Senhor e aguarde por ele com paciência; não se aborreça com o sucesso dos outros, nem com aqueles que maquinam o mal. Evite a ira e rejeite a fúria; não se irrite: isso só leva ao mal. Pois os maus serão eliminados, mas os que esperam no Senhor receberão a terra por herança.* (Salmos 37.7-9 – NVI)

O salmista nos assegura que n'Ele encontraremos paz e segurança. Provavelmente, você já sabe dessa verdade, no entanto, consegue incorporá-la em sua vida? Quando o dia difícil vem, como filha, você confia no Seu Pai? A paz que excede todo entendimento é encontrada somente no Senhor, e podemos buscá-lO por meio da contemplação, leitura e meditação na Sua Palavra, além da oração e da adoração. Sempre que nos colocamos diante d'Ele e deixamos que os Seus olhos repousem sobre nós, encontramos descanso para a nossa alma exausta.

O salmista nos assegura que n'Ele encontraremos paz e segurança.

O Apóstolo Paulo escreveu aos filipenses o seguinte conselho:

> *Alegrem-se sempre no Senhor; outra vez digo: alegrem-se! Que a moderação de vocês seja conhecida por todos. Perto está o Senhor. Não fiquem preocupados com coisa alguma, mas, em tudo, sejam conhecidos diante de Deus os pedidos de vocês, pela oração e pela súplica, com ações de graças. E* ***a paz de Deus, que excede todo entendimento, guardará o coração e a mente de vocês em Cristo Jesus****.* (Filipenses 4.4-7 – grifo nosso)

Descansar e se alegrar n'Ele é a chave para encontrar a verdadeira paz, pois ela guarda o nosso coração e mente. Embora os contextos de Davi e Paulo fossem diferentes, a mensagem de ambos nos diz a mesma coisa! O rei, assim como o apóstolo, destaca a importância de confiar no Senhor e fazer o bem (cf. Salmos 37.3). Além disso, ele deixa um encorajamento para nos deleitarmos no Altíssimo (cf. v. 4), encontrarmos a nossa alegria em Sua presença e Lhe entregarmos os desejos do nosso coração (cf. v. 5). Somos chamadas a esperar em Deus, seja qual for a situação!

Então, hoje, derrame as suas preocupações e ansiedades diante do Pai, pois somente nesse lugar encontrará descanso. A graça e o amor d'Ele cobrirão todos os temores e lamentos do seu interior. As adversidades, em comparação ao cuidado do Senhor, são como pó — somem rapidamente. Todas as nossas irritações e angústias também são passageiras, não devemos nos preocupar, pois os que esperam n'Ele herdarão a terra (cf. Salmos 37.9).

Nem sempre será fácil encontrar descanso em meio ao caos e aos sofrimentos da vida, por isso, Deus nos ensina a nunca nos afastarmos da Sua Palavra ou andarmos sozinhas. A comunhão, assim como os preceitos bíblicos, auxilia-nos a permanecer confiando no Pai. Ele, melhor do que ninguém, conhece as nossas dores e necessidades. Mantenha o seu coração firmado n'Aquele que sempre está de braços abertos para acalentar a sua alma!

Reflita: você tem, verdadeiramente, mantido a sua confiança em Deus? Quando vivemos dessa forma — ainda que existam momentos de aflição —, apenas a paz e a segurança regem o nosso coração, de modo que não há espaço para o medo ou para a angústia. **Confie no Eterno**, Ele é o guardião do seu futuro! **Encontre alegria em Sua presença**, mesmo em meio às adversidades! **Deleite-se em Sua Palavra**, pois ela traz vida! **Descanse n'Ele**, entregando todas as áreas de sua vida ao Rei dos reis e Senhor dos senhores!

Anotações

As adversidades, em comparação ao cuidado do Senhor, são como pó — somem rapidamente.

Dia 18

Buscando a face de Deus

Ouve, Senhor, a minha voz; eu clamo; tem compaixão de mim e responde-me. Ao meu coração me ocorre: "Busquem a minha presença". Buscarei, pois, Senhor, a tua presença. Não me escondas, Senhor, a tua face; não rejeites com ira o teu servo. Tu és o meu auxílio; não me deixes, nem me abandones, ó Deus da minha salvação.

(Salmos 27.7-9)

A busca pela face do Senhor deve nortear a vida de todo cristão. A Presença é tudo o que temos e precisamos para viver, pois, sem ela, não somos nem podemos fazer nada. No salmo 27, Davi expõe exatamente essas afirmações. O homem segundo o coração de Deus provou, de perto, da providência completa do Altíssimo.

> *Porque, se o meu pai e a minha mãe me abandonarem, o Senhor me acolherá. Ensina-me, Senhor, o teu caminho e guia-me por vereda plana, por causa dos meus inimigos. Não me entregues à vontade dos meus adversários; pois contra mim se levantam falsas testemunhas e os que só respiram crueldade. Eu creio que verei a bondade do Senhor na terra dos viventes. Espere no Senhor. Anime-se, e fortifique-se o seu coração; espere, pois, no Senhor.* (Salmos 27.10-14)

Mesmo quando estava sendo perseguido, o rei orava pedindo pela Presença. Ele poderia suplicar por qualquer outra coisa –– proteção, poder, favor, paz ou livramento —, mas clamava pelo Senhor. O salmista sabia que a presença do Todo-Poderoso era suficiente e tinha consciência de que apenas Ele poderia ser o seu auxílio em qualquer situação. Ao buscar pela face de Deus, todo o resto seria acrescentado, e o rei poderia caminhar por veredas planas, confiante de que estaria protegido e de que veria a bondade do Senhor.

Isso, minha irmã, não está restrito ao salmista nem se limita às batalhas que ele enfrentava. Na verdade, a

Presença está disponível a todas nós e, enquanto clamarmos pelo Altíssimo, **nada** nos faltará; n'Ele sempre encontraremos suficiência e plenitude em todas as áreas da nossa vida. Você já notou como é poderosa a declaração de Davi, ao dizer: "Porque, se o meu pai e a minha mãe me abandonarem, o Senhor me acolherá" (Salmos 27.10)? Será que você também consegue se agarrar a essa verdade? Quando nos aproximamos da face do nosso Deus, nós recebemos a convicção de que, independentemente do que possam fazer contra nós, Ele é a nossa proteção e o nosso refúgio. Quanto mais nos achegamos ao Altíssimo, mais Ele Se aproxima de nós (cf. Tiago 4.8).

Talvez você esteja se perguntando: "Mas como podemos fazer isso?". Encontramos a resposta nos versículos 8 e 9 desse mesmo salmo: "Ao meu coração me ocorre: **'Busquem a minha presença'**. Buscarei, pois, Senhor, a tua presença. Não me escondas, Senhor, a tua face [...]" (grifo nosso). O próprio Deus nos revela a chave para O encontrarmos: precisamos nos colocar diante d'Ele e cultivar um relacionamento íntimo.

O próprio Deus nos revela a chave para O encontrarmos: precisamos nos colocar diante d'Ele e cultivar um relacionamento íntimo.

A busca por Sua face vem de um diálogo contínuo e duradouro. De fato, é uma jornada espiritual em que anelamos por intimidade com o Eterno. Para isso, as disciplinas espirituais, como o jejum, a oração e a leitura da Palavra, devem estar inseridas em nossa rotina, como práticas inegociáveis. Muitas vezes, com a agitação da vida, somos consumidas pelas preocupações e tarefas, e, assim, dedicamos poucos momentos do dia a Deus. No entanto, o salmo 27 nos lembra da importância de investirmos tempo em Sua Presença.

Silencie todos os ruídos externos que tentam roubar a sua atenção do que é importante e direcione os seus olhos para Aquele que criou o Universo e sustenta você na palma das mãos! Quando entendemos que estar diante d'Ele é tão necessário quanto o ar que respiramos, somos transformadas e curadas.

Reflita: qual o desejo do seu coração diante do chamado à intimidade com o Pai? O convite para buscar pela Presença vem do próprio Deus, e nós devemos responder a ele prontamente. Qual será a sua resposta? Desafio você a reservar um tempo para buscá-lO ainda hoje. Aproxime-se d'Ele em oração e leitura bíblica; ouça a Sua voz; medite na Palavra; e permita que Ele lhe revele mais sobre Quem é. Ao fazer isso, tenho certeza de que, assim como Davi, você encontrará refúgio, força e direção.

Anotações

Quando entendemos
que estar diante d'Ele
é tão necessário quanto
o ar que respiramos,
somos transformadas
e curadas.

Dia 19

Conhecidas por Deus

Senhor, tu me sondas e me conheces. Sabes quando me sento e quando me levanto; de longe conheces os meus pensamentos. Observas o meu andar e o meu deitar e conheces todos os meus caminhos. A palavra ainda nem chegou à minha língua, e tu, Senhor, já a conheces toda. (Salmos 139.1-4)

Você já tentou, em algum momento, esconder-se dos olhos do Senhor? Já se empenhou em passar despercebida por Ele? Caso sim, saiba que é um esforço em vão. É impossível fugir do Criador. Ainda que tente se iludir, correr dos Seus caminhos ou fugir de Seu alcance, não vai adiantar, pois Ele a vê e a conhece desde antes do seu nascimento, escreveu todos os seus dias e a acompanha aonde quer que você vá! Com essa consciência, no salmo 139, Davi escreve algo que poderia ser nossa oração.

> *Para onde me ausentarei do teu Espírito? Para onde fugirei da tua face? Se subo aos céus,* ***lá estás****; se faço a minha cama no mais profundo abismo,* ***lá estás também****; se tomo as asas da alvorada e me detenho nos confins dos mares, ainda ali a tua mão me guiará, e a tua mão direita me susterá.* (vs. 7-10 – grifo nosso)

Não podemos fugir do Seu olhar em hipótese alguma! O Senhor conhece todos os nossos pensamentos, até os mais secretos e escondidos, e sabe exatamente o que está em nosso coração. Ele é capaz de nos desvendar profundamente e nos conhece muito além do que nós mesmas somos capazes de conhecer. Tudo isso, porque foi o Criador que pensou e ajustou cada um dos nossos detalhes; todos os traços existentes em

Todos os traços existentes em nós, tanto os físicos quanto os de nossa personalidade, foram escolhidos por Deus.

nós, tanto os físicos quanto os de nossa personalidade, foram escolhidos por Deus.

Então nunca pense estar sozinha; seja qual for a situação, saiba que os olhos do Senhor estão repousados sobre você. O Amado conhece seus medos, sonhos, lutas, tristezas e alegrias, e sabe o que permeia a sua mente e o seu coração, antes mesmo de dirigir-se a Ele.

Além de nos conhecer profundamente, os pensamentos d'Ele sobre nós são sempre ricos em misericórdia, bondade e amor. Até quando o Senhor precisa apontar algo errado em nosso caráter, é com o intuito de nos guiar a um caminho de plenitude, ou seja, sempre é para o nosso bem e para a glória de Seu nome.

Diante disso, devemos responder com gratidão e devoção. Agradeça ao Pai por Seu amor inabalável e renda-se ao Seu plano. Ao aceitar o conhecimento que Ele tem sobre nós, temos de ser impulsionadas a conhecê-lO de volta, na mesma intensidade. Servimos a um Deus relacional e onipotente, por que tentar encobrir quem somos do Todo-Poderoso? Eu sei que podemos ficar instigadas a esconder as nossas falhas ou as partes ruins da nossa história, mas para quê? Ele já está ciente de cada uma delas e, apesar disso, continua a nos amar e transformar.

Reflita: hoje, pense sobre o fato de que você é profundamente conhecida por Deus; Ele não vê somente o seu exterior, mas os seus níveis mais íntimos. Agradeça-Lhe por Seu amor e peça-Lhe orientação para viver de acordo com os planos d'Ele. Lembre-se de que é amada e valorizada por Aquele que a conhece mais do que qualquer um seria capaz! Após a reflexão, como Davi, ore os seguintes versos.

> *Pois tu formaste o meu interior, tu me teceste no ventre de minha mãe. Graças te dou, visto que de modo assombrosamente maravilhoso me formaste; as tuas obras são admiráveis, e a minha alma o sabe muito bem. Os meus ossos não te foram encobertos, quando no oculto fui formado e entretecido como nas profundezas da terra. Os teus olhos viram a minha substância ainda informe, e no teu livro foram escritos todos os meus dias, cada um deles escrito e determinado, quando nem um deles ainda existia. Que preciosos para mim, ó Deus, são os teus pensamentos! E como é grande a soma deles!* (Salmos 139.13-17)

Anotações

O Amado conhece seus medos, sonhos, lutas, suas tristezas e alegrias, e sabe o que permeia a sua mente e o seu coração, antes mesmo de dirigir-se a Ele.

Dia 20

O guardião de Israel

Elevo os meus olhos para os montes: de onde me virá o socorro? O meu socorro vem do Senhor, que fez o céu e a terra. Ele não permitirá que os seus pés vacilem; não dormitará aquele que guarda você. (Salmos 121.1-3)

Você, alguma vez, já se questionou de onde vem o seu socorro? Todas nós, em algum momento da vida, podemos nos encontrar em uma posição parecida com a do salmista, em que olhamos para os lados em busca de ajuda e nos sentimos completamente sem esperanças. No entanto, assim como foi dito pelo autor dessa passagem, a nossa segurança precisa estar no Alto; é de lá que virá a convicção de que existe um Pai que nos guarda e protege em todo o percurso. Nossa ajuda não vem das circunstâncias, riquezas ou pessoas, mas do próprio Deus.

Quando observamos, nas Escrituras Sagradas, a história da nação de Israel e do povo escolhido, percebemos que o Altíssimo sempre cuidou dos Seus, mesmo em tempos de ira e guerra. O Senhor nunca desviou — nem desvia — o olhar de Seus filhos e Suas filhas! Na angústia, o Consolador é o nosso refúgio e fortaleza!

Na angústia, o Consolador é o nosso refúgio e fortaleza!

Pela manhã ou pela noite, o Sentinela vigia e guarda a nossa vida. Quantos livramentos Ele já lhe deu? Tente se lembrar! Nunca foi sorte ou coincidência, o Senhor sempre esteve cuidando da sua entrada e saída, livrando-a de todo mal. O mesmo Deus que guardou Israel é o seu guardião!

É certo que não dormita, nem dorme o guarda de Israel. O Senhor é quem guarda você; o Senhor é a

> *sombra à sua direita. De dia não lhe fará mal o sol, nem de noite, a lua. O Senhor guardará você de todo mal; guardará a sua alma. O Senhor guardará a sua saída e a sua entrada, desde agora e para sempre.* (Salmo 121.4-8)

O Altíssimo é o nosso socorro porque é fiel às Suas promessas. A Palavra revela, por meio dos livros proféticos e da narrativa histórica, que Israel é uma nação especial; antes, para a chegada do Filho, hoje, para a volta d'Ele. Quando analisamos esse contexto, a conclusão é apenas uma: Deus cumpre as Suas palavras e, ao nos fazer uma promessa, não muda de ideia jamais! O Pai tem uma Aliança de amor com todos que n'Ele creem. Nós, como Suas filhas, somos cuidadas e protegidas. Não precisamos temer mal algum. Davi escreveu sobre essa promessa no salmo 91:

> *Você disse: "O Senhor é o meu refúgio". Você fez do Altíssimo a sua morada. Nenhum mal lhe sucederá, praga nenhuma chegará à sua tenda. Porque aos seus anjos ele dará ordens a seu respeito, para que guardem você em todos os seus caminhos. Eles o sustentarão nas suas mãos, para que você não tropece em alguma pedra. Você pisará o leão e a cobra; com os pés esmagará o leãozinho e a serpente. Deus diz: "Porque a mim se apegou com amor, eu o livrarei; eu o protegerei, porque conhece o meu nome. Ele*

> *me invocará, e eu lhe responderei; na sua angústia eu estarei com ele; eu o livrarei e o glorificarei. Vou saciá-lo com longevidade e lhe mostrarei a minha salvação".* (vs. 9-16)

O Senhor livra aqueles que O amam; é fiel independentemente da nossa mediocridade ou infidelidade. O povo de Israel foi teimoso e idólatra em vários momentos, mas o Altíssimo continuou a derramar compaixão, pois havia prometido que os livraria. A conduta deles era repugnante e feria a santidade de Deus, então Ele os castigava, mas também os livrava da morte espiritual ao levantar profetas.

Hoje, o Pai continua agindo em amor e nos guardando em todas as dimensões da vida. É o guardião da nossa casa, cidade e família; do nosso emprego, sono, corpo e coração; da nossa alma e mente. O Senhor também guarda o nosso presente e futuro, tudo está em Suas mãos! Eleve os olhos para o Céu e contemple o cuidado d'Ele. Seu zelo é real e paira sobre nós!

Reflita: releia o salmo 121 e, em forma de canção, entoe os versos ao Senhor. Caso tenha alguma dificuldade, recite os versos em voz alta, como um poema. Ainda que o seu coração esteja trêmulo de medo pelas circunstâncias ou atordoado de desesperança, permita que essas chaves bíblicas penetrem a sua alma.

Anotações

O Senhor nunca desviou — nem desvia — o olhar de Seus filhos e Suas filhas!

Dia 21

A bondade do Senhor

Bendirei o Senhor em todo o tempo, o seu louvor estará sempre nos meus lábios. A minha alma se gloriará no Senhor; os humildes ouvirão isso e se alegrarão. Louvem comigo a grandeza do Senhor, e todos juntos lhe exaltemos o nome. Busquei o Senhor, e ele me acolheu; livrou-me de todos os meus temores. Os que olham para ele ficarão radiantes; o rosto deles jamais se cobrirá de vexame. [...] Provem e vejam que o Senhor é bom; bem-aventurado é quem nele se refugia. (Salmos 34.1-5, 8)

Davi escreveu esse salmo em um cenário de caos e fuga. O rei de Israel estava com medo, longe de casa e de seu povo; mesmo assim, exaltou o Senhor e convidou outros a se juntarem a ele em louvor, reconhecendo a grandeza e benignidade do Altíssimo. Parece loucura imaginar que o salmista fez isso em meio às batalhas que enfrentava. Diante desse cenário, podemos nos questionar: "Como me lembrarei da bondade de Deus no dia mau?". Parece algo extremamente fora da realidade. No entanto, é dessa forma que o nosso coração deve se posicionar!

O fato de termos vida e respirarmos já é um reflexo de quão bom o Senhor é, o problema é que por vezes nos esquecemos disso. Se estamos aqui hoje, vivendo nossos dias, é porque Ele nos deu vida! Uma vez que buscarmos o Pai, de todo o coração, assim como Davi, experimentaremos Sua bondade e Seu livramento, pois nos tornaremos mais sensíveis ao Seu agir.

Essa é uma jornada pessoal: apenas provando dessa benignidade somos capazes de entender a sua dimensão. À medida que você busca o Pai e confia n'Ele, descobre a Sua fidelidade e o Seu amor. Davi diz que: "Os olhos do Senhor repousam sobre os justos, e os seus ouvidos estão abertos ao seu clamor" (Salmos 34.15), então achegue-se ao Amado e experimente! Esse é um convite do próprio Deus! Na Palavra está escrito que:

> *O rosto do Senhor está contra os que praticam o mal, para extirpar da terra a memória deles. Clamam os*

> *justos, e o Senhor os escuta e os livra de todas as suas angústias. Perto está o Senhor dos que têm o coração quebrantado; ele salva os de espírito oprimido. Muitas são as aflições do justo, mas o Senhor de todas o livra. Preserva-lhe todos os ossos, nem um deles sequer será quebrado. A desgraça matará o ímpio, e os que odeiam o justo serão condenados. O Senhor resgata a alma dos seus servos, e dos que nele confiam nenhum será condenado.* (vs. 16-22)

Pode ser que, neste momento, você esteja enfrentando batalhas que têm dilacerado a sua alma — lutas invisíveis e, aparentemente, sem fim, das quais ninguém além do Senhor tem conhecimento... Se esse for o seu caso, eu lamento profunda e sinceramente, mas gostaria de lhe dar um conselho e pedir que o guarde com muito apreço no seu interior: prove da bondade do Senhor! Achegue-se a Ele como você está e adore-O!

Prove da bondade do Senhor! Achegue-se a Ele como está e adore-O!

É verdade que não existe garantia de que a situação será completamente transformada, mas a promessa é que n'Ele **você** será restaurada e redimida: nunca mais será a mesma. O Altíssimo será o seu tesouro e alívio, portanto não deixe de olhar para Ele, apenas assim você permanecerá radiante! O Pai é digno de toda adoração, e a Sua benignidade está pronta para ser experimentada por aqueles que n'Ele confiam.

Reflita: chegamos ao nosso último devocional juntas e, para finalizar este dia, pare alguns minutos e escreva, na próxima página, todas as coisas nas quais você percebe a bondade de Deus ao seu redor — pode ser no seu respirar, na companhia de pessoas amadas, em apreciar a sua comida favorita, na roupa que está vestindo ou, até mesmo, neste livro em suas mãos. Anote tudo o que vier à sua mente; e, enquanto fizer isso, lembre-se de que Ele é bom, não só pelo que lhe dá, mas porque essa é a essência do Seu caráter.

Anotações

O fato de termos vida e respirarmos já é um reflexo de quão bom o Senhor é, o problema é que por vezes nos esquecemos disso.

Oração final

Pai Celestial,

Reconheço a Tua grandeza e soberania! Tu és bondoso e misericordioso em todo o tempo! Bendito seja o Teu nome sobre a Terra, para sempre. Agradeço o livre acesso que tenho a Ti, Senhor. Por meio do sangue de Jesus Cristo, posso me achegar e derramar o meu coração aos Teus pés.

Sei que existem águas ainda mais profundas para navegar e desbravar Contigo. Quero ser uma mulher entregue em devoção e corresponder aos desejos do Teu coração! Torna-me sensível ao Teu Espírito e atenta à Tua voz! Tu me persegues e me envolves com a Tua bondade, consigo senti-la agora mesmo.

Senhor, oro para que tudo o que aprendi neste livro seja uma mensagem viva e que cada palavra que li transforme-se em ações no meu cotidiano. Não me deixes esquecer de que apenas Tu, Senhor, és o meu consolo, refúgio, fortaleza e descanso. Tu és o meu grande amigo e protetor!

Eu quero fazer da minha vida um ato de adoração genuína, e anseio que os meus dias sejam tão cheios de verdade e dependência quanto as canções e poemas dos salmistas. Faze do meu coração um lugar de intimidade e de Tua habitação! Peço que me ensines a ser a salmista da atualidade, com um coração ardente pela eternidade, que não se entrega às adversidades desta Terra.

Tu és Quem fortalece o meu interior a cada manhã. Glorifico o Teu nome e contemplo a Tua infinita beleza, Pai! Oro para que me deixes ficar em Tua Presença continuamente, pois buscarei por Ti com diligência até o meu último suspiro. Eu te amo, meu Senhor!

Em nome de Jesus,

Amém!

Referências bibliográficas

Introdução

PSALMOS [5568]. *In:* DICIONÁRIO bíblico Strong. Barueri: Sociedade Bíblica do Brasil, 2002.

T^EPHILLAH [08605]. *In:* DICIONÁRIO bíblico Strong. Barueri: Sociedade Bíblica do Brasil, 2002.

Dia 9

ESTABILIDADE. *In:* DICIONÁRIO Michaelis online. São Paulo: Melhoramentos, 2024. Disponível em *https://michaelis.uol.com.br/moderno-portugues/busca/portugues-brasileiro/estabilidade/*. Acesso em fevereiro de 2024.

Dia 10

HOLANDA, Hilda Barreto. **O livro dos Salmos e a Literatura**. Trabalho de Conclusão de Curso (TCC – Graduação em Letras) – Instituto de Letras, Universidade Federal do Rio Grande do Sul. Porto Alegre, 2014. Disponível em *https://lume.ufrgs.br/handle/10183/105257*. Acesso em fevereiro de 2024.

Dia 12

HARRIS, R. Laird; ARCHER JR, Gleason L.; WALTKE, Bruce K. Tradução: Márci Loureiro Redondo, Luiz A. T. Sayão e Carlos Osvaldo C. Pinto. **Dicionário Internacional de Teologia do Antigo Testamento**. São Paulo: Vida Nova, 1998. p. 756.

KATHAM [03799]. *In:* DICIONÁRIO bíblico Strong. Barueri: Sociedade Bíblica do Brasil, 2002.

KETHEM [03799]. *In:* DICIONÁRIO bíblico Strong. Barueri: Sociedade Bíblica do Brasil, 2002.

MIKTAM [04387]. *In:* DICIONÁRIO bíblico Strong. Barueri: Sociedade Bíblica do Brasil, 2002.

SPURGEON, Charles. **Os tesouros de Davi**. Tradução de Degmar Ribas Júnior e Luís Aron de Macedo. Rio de Janeiro: CPAD, 2017. p. 161.

Anotações

Este livro foi produzido em Adobe Garamond Pro 12 e impresso
pelo Centro Paulus de Produção sobre papel Pólen Natural 75g
para a Editora Quatro Ventos em abril de 2024.